Kongumbamela Kati Na Molimo mpe na Solo

Kongumbamela na Molimo

Dr. Jaerock Lee

"Kasi ntango ekoya, εε, ezali sasaipi, wana bangumbameli na solo bakongumbamela Tata na molimo mpe na solo;
Mpo ete Tata Azali koluka motindo oyo mpona bangumbameli na Ye. Nzambe Azali Molimo mpe ekoki na bangumbameli na
Ye ete bangumbamela Ye na molimo mpe na solo."

Kongumbamela kati na Molimo mpe na Solo na Dr. Jaerock Lee
Ebimisami na Ba Buku Urim (Mokambami na: Johnny. H. Kim)
73, Yeouidaebang-ro 22-gil, Dongjak-gu, Seoul, Coree
www.urimbooks.com

Droit D'auteur. Buku oyo to mpe eteni na yango ekoki na kobimisama soko te, kofandisama kati na systeme moko na kobimisa ebele , to mpe kopesama na lolenge soko nini to mpe, na lolenge na electronique, mecanique, photocopie, enregistrement to mpe nini, soki nzela epesami na mobimisi na yango te.

Makomi isantu nioso mazwami kati na Biblia Esantu iye ibengami, NEW AMERICAN STANDAED BIBLE, *, Copiright © 1960, 1962, 1963, 1968, 1971, 1972, 1973, 1975, 1977, 1995 epai na Fondation Lockman. Isalemi soki nzela epesami.

Copyright © 2015 na Dr. Jaerock Lee
ISBN: 979-11-263-1268-9 03230
 Nzela Mpona Kobongolama na ba koto misusu © 2012 na Dr. Esther K. Chung. Esalemaka soki Nzela epesami.
.Bilili mpona oyo etali Mongomo misalami na nzela na Mision Software Inc.

Kobimisama wa Yambo na Mai 2015

Liboso Ebimisamaki na Ki Coreen na 1992 na Ba Buku Urim na Seoul, Coree

Edition na Dr. Geumsun Vin
Desin na Ndako na Edition na ba Buku Urim
Mpona boluki na Koyeba mingi, komela: urimbook@hotmail.com

Ekotiseli

Ba nzete na Acacia mikomonanaka na momesano kati na lisobe na Yisalele. Ba nzete oyo mizindisaka misisa na yango mikama na ba metre nan se na mabele mpe mikolikiaka main a nse na mabele mpona kozala na bomoi. Na kotala kaka na miso mpona mbala liboso nzete na acasia izalaka kaka malamu mpona koni na moto, kasi libaya na yango ezalakka makasi mingi koleka ba nnzete misusu.

Nzambe Asengaki ete Sanduku na Mibeko (Sanduku na Kondimana) etongama na nzete na Kasia, ezipami na wolo, mpe etiami kati na bisika mileki Bulee. Esika eleki Bulee ezali esika wapi Nzambe Akitaka mpe wapi nganga Nzambe mokonzi apeselami kokota. Na lolenge moko, moto oyo azui misisa makasi kati na Liloba na Nzambe akosalelama kaka te lokola esaleli na motuya liboso na Nzambe kasi akosepela mpe ebele na mapamboli kati na bomoi na ye.

Yango kaka lolenge Yelemia 17:8 elobi na biso ete "Pamba te akozala lokola nzete oyo ekonami pembeni na mai oyo ekosembola misisa na yango pembeni na ebale; akobanga te wana ekoya moi makasi kasi nkasa na ye ikozala mibesu; akobanga na elanga na kokauka te, akotika kobimisa mbuma mbuma mpe te." Awa, "mai" na molimo, etalisi Liloba na Nzambe, mpe moto oyo azwi mapamboli na lolenge wana akobatela motuya mpenza mayangani esika wapi Liloba na Nzambe esakolami.

Mayangani ezali milulu esika wapi botosi mpe kongumbamela etalisami liboso na bonzambe. Na mokuse, lokola kongumbamela na Bakristu ezali bokutani esiika wapi topesaka matondi epai mpe totombolaka Nzambe kati na botosi na biso, masanjoli, mpe nkembo. Kati na Kondimana na Kala mpe lelo, Nzambe Aluka mpe Akobi na koluka bango oyo bakongumbamela Ye kati na molimo mpe na solo.

Oyo ekomama kati na Lewitiko na Kondimana na Kala ezali nioso na mozindo mpona kongumbamela. Bato misusu bakolobaka ete mpo ete Lewitiko elobeli mibeko mpona kobonzela Nzambe kati lolenge na Kondimana na Kala, Buku oyo ezali na eloko moko ten a bison a mikolo na lelo. Oyo ekoki te kozala lokuta na koleka mpona motuya na mibeko na Kondimana na Kala mpona maye matali lolenge na kongumbamela iye italisami kati na lolenge na kongumbamela na bison a mikolo na lelo. Lolenge ezalaki kati na Kondimana na Kala kongumbamela kati na Kondimana na Sika ezali nzela mpona biso kokutana na Nzambe. Kaka na tango tozali kolanda limbola na molimo na mobeko na Kondimana na Kala mpona maboonza, eye ezalaki na mbeba te, nde tokoka kongumbamela Nzambe kati na Kondimana na Sika na molimo mpe na solo.

Mosala oyo mozindi kati na mateyo mpe na ba limbola na ba mabonza na lolenge na lolenge, epesami na moto moko, mpe na kolandelaka moko na moko, ba mbeka na kotumba, ba mbeka na ba nkona, ba beka na kimia, ba mbeka na masumu, mpe ba mbeka na mbeba lolenge mizali kotiama epai na biso oyo tozali kobika kati na Kondimana na Sika. Oyo ekosunga kati na mozindo lolenge nini tosengeli kosalela Nzambe. Mpona kosunga batangi mpona kososola mibeko mpona kobonza, mosala oyo ememi bilili na ba langi langi na kotala mongomo, kati na mongomo mpe esika oyo eleki bulee mpe biloko nioso oyo esanganaka na masanjoli.

Nzambe Alobi na biso ete, "Bino bokozala bulee mpo ete Ngai Nazali bulee" (Lewitiko 11:45; 1 Petelo 1:16), mpe Akolikia ete moko na moko na biso asosola kati na mobimba mibeko mpona mabonza lolenge makomami kati na Lewitiko mpe kobika bomoi mobonzama. Nakolikia ete bino boya na kososola ba lolenge nioso na kobonza kati na Kondimana na Kala mpe kongumbamela kati na Kondimana na Sika. Nakolikia mpe te ete bino bokotala lolenge wapi bino bozali kongumbamela, mpe boyei na kongumbamela Nzambe na lolenge eye esepelisaka Ye.

Nabondeli na nkombo na Nkolo Yesu Christu ete kaka lolenge Solomo asepelisaki nzambe na ba mbeka na kotumba na ye nkoto moko, tika ete motangi moko na moko na mosala oyo asalelama lokola eloko na motuya liboso na Nzambe, lokola nzete elonami pembeni na ebale, tika ete bino bosepela mapamboli makosopanaka kati na kopesaka epai na Nzambe malasi na bolingo mpe na matondi na kongumbamelaka Ye kati na molimo mpe na solo!

Fevrier 2010
Dr. Jaerock Lee

Mama na Makambo Kati na Buku

Kongumbamela kati na Molimo mpe na Solo

Ekotiseli

Chapitre 1
Kongumbamela na Molimo Eye Nzambe Andimaka   1

Chapitre 2
Ba Mbeka na Kondimana na Kala lokola Ekomama kati na Biblia   17

Chapitre 3
Mbeka na Kotumba   43

Chapitre 4
Mbeka na Bilei   67

Chapitre 5
Mbeka na Kimia   83

Chapitre 6
Mbeka na Masumu   95

Chapitre 7
Mbeka na Ekweli   111

Chapitre 8
Talisa Nzoto na Yo Lokola Mbeka na Bomoi mpe na Bulee   123

Chapitre 1

Kongumbamela na Molimo Eye Nzambe Andimaka

"Nzambe Azali Molimo mpe ekoki na ba oyo bakosambela Ye na Molimo mpe na Solo."

Yoane 4:24

1. Mabonza na Kondimana na Kala mpe Mayangani na Ekeke na Kondimana na Sika

Na enandeli, Adamu moto na liboso na kokelama, azalaki ekelamo oyo akokaki kozala na lisangana na mozindo na Nzambe. Sima na ye komekama na Satana mpe kosumuka, lisangana na Adamu na Nzambe etikaki mpenza. Mpona Adamu elongo na bakitani na ye Nzambe Abongisaka nzela na kolimbisama mpe na kobikisama mpe afungolaki nzela wapi bango bakokaki kozongisa kosolola na Nzambe. Nzela yango emonani na ba lolenge na kopesa mbeka kati na Kondimana na Kala, eye Nzambe Abongisaka malamu

Mabonza na kondimana na Kala mikabolamaki na moto te. Mizalaki motindo mpe kotalisama na Nzambe Ye moko. Toyebi yango na Lewitiko 1:1 mpe kokende ete, "YAWE Abiangaki Mose mpe Alobelaki ye longwa na hema na koyangana ete…" Tokoki mpe komona yango na ba mbeka eye Abele na Caina, bana babali na Adamu, bapesaka epai na Nzambe (Genese 4:2-4).

Ba mbeka yango, kolandisama na limbola na moko na moko, mikolandaka mibeko moko. Mitandama na ba mbeka na kotumba, ba mbeka na ba nkona, ba mbeka na kimia, ba mbeka na masumu, mpe ba mbeka na koyoka mabe, mpe kolandisama na mozindo na lisumu mpe lolenge kani bato bapesi ba mbeka yango, ba mgombe, bam pate, ba ntaba, ba kanga, mpe nfufu, mikokaki kopesama. Ba nganga Nzambe oyo bazalaki kolandela ba mbeka, basengelaki komikanga mpenza na bomoi na bango, bakeba na bizaleli na bango, bamilatisa elamba esengeli mpe etiama pembeni, mpe bapesa mabonza mibongisama mpenza malamu kolandisama na kokeba eleka kolandisama na mibeko mitiama. Mibeko na lolenge wana mizalaki bizaleli na komonana miye milekaki mpe makasi.

Kati na ekeke na Kondimana na Kala, sima na moto kosumuka akokaki kaka kosikolama sima na ye kopesa mbeka na lisumu na kobomaka nyama, mpe na nzela na makila lisumu elongolamaki. Kasi, makila moko moko wana kopesama mbula na mbula ekokaki te kosukisa masumu kati na bato; ba mbeka yango mizalaki kaka kolongola mpona tango moko nde bongo na kokoka te. Yango ezali mpo ete kosikolama na solo mpona lisumu na moto ekoki kaka na bomoi na moto.

1 Bakolinti 15:21 elobi na biso ete, "Pelamoko kufa eyaki na nzela na moto moko, kosekwa mpe eyaki na nzela na moto." Mpona ntina na yango, Yesu Mwana na Nzambe AAyaka kati na mokili oyo na nzoto. Mpe ata soki Azalaki na lisumu te, Atangisaki makila ma Ye na ekulusu mpe Akufaki likolo na yango. Lokola Yesu Akomaka mbeka na mbala moko (Baebele 9:28), ezali lisusu na bosenga na makila ten a kopesama eye esengi mibeko kilikili mpe makasi.

Lolenge ekotanga biso kati na Baebele 9:11-12 ete, "Nde Kristu Ayaki lokola Nganga Monene na biloko malamu bisili koya, mpo na Hema oyo eleki monene mpe ezali na malamu nioso, oyo esalemi na maboko te; ezali eloko kati na biloko bizalisami te. Aingelaka kati na esika na bulee mbala moko mpo na libela, mpo na makila na bantaba mpe na bana na ngombe te kasi na makila na Ye moko. Boye Azwaki lisiko na seko." Yesu Akokisaki lisiko na seko.

Na nzela na Yesu Christu, tozali lisusu te kobonza epai na Nzambe mbeka na makila kasi tokoki sasaipi kokende liboso na Ye mpe tobonzela Ye mbeka na bomoi mpe na bulee. Yango ezali mayangani kati na ekeke na Kondimana na Sika. Lokola Yesu Apesaka mbeka moko mpona masumu mpona mbala moko na libela na kobetama sete na ekulusu mpe kotangisa makila ma Ye (Baebele 10:11-12), na tango tondimi kati na motema na biso ete tosikolama na masumu mpe tondimeli Yesu Christu, tokoki kozwa kolimbisaama na masumu na biso. Oyo ezali likambo litelemi kaka na misala te, kasi kolakisama na kondima eye ewutaka kati na motema na biso. Ezali mbeka na bomoi mpe bulee mpe mayangani na molimo mpona kongumbamela (Baloma 12:1).

Yango elakisi te ete ba mbeka na Kondimana na Kala masilisama. Soki Kondimana na Kala ezali elilingi, nde bongo Kondimana na Sika ezali lolenge mpenza. Lolenge moko na Mobeko, mibeko na kobonza kati na Kondimanana na Kala mikomisama na kokoka kati na Kondimana na Sika epai na Yesu. Kati na ekeke na Kondimana na Sika mingi na misala minbongwana kati na mayangani na kongumbamela. Kaka lolenge etalaki Nzambe petwa mpe na mbeba te ba mbeka mizalaka kopesama kati na ekeke na Kondimana na Kala, Akosepela na mayangani na biso na kongumbamela mapesami na molimo mpe kati na solo kati na Kondimana na Sika. Makambo na makasi mazali lisusu te kopesama kaka na komonana na miso kasi mamemi mpe ntina na molimo kati na mozindo. Mizali mpe bilembo mpona biso kotala soki bizaleli na biso mizali malamu kati na kongumbamela.

Yambo sima na kozwa libonza to mpe na kondima mbeba mpona ezaleli to mpe mbeba libosoo na bazalani, bandeko, to mpe Nzambe (mbeka na koyoka mabe), mondimi asengeli kotala sima kati na bomoi na ye na ba mposo maleka, ayambola masumu ma ye, mpe aluka kolimbisama (mbeka na lisumu), nde sima angumbamela na motema mopetoolama mpe na bosolo eleka likolo (mbeka na kotumba). Na tango tosepelisi Nzambe na kopesaka mabonza mibongisama na matondi maleka likolo kati na matondi mpona ngolu na Ye eye ebateli biso kati na poso elekaki (mbeka na ba nkona) mpe na kolobela Ye mmposa na motema na biso (mbeka na kimia), Akokokisa ba mpos na motema na biso mpe Akopesa na biso makasi mpe nguya mpona kolonga mokili. Makambo na lolenge oyo, mikotisama kkati na mayangani na kongumbamela kati na Kondimana na Sika mizali na ba ntina mingi na mibeko na kopesa mbeka na Kondimana na Kala. Mibeko mpona kopesa mbekka kati na Kondimana na Kala mikotama na mozindo makasi kobanda Chapitre 3 mpe sima na yango.

2. Kongumbamela kati na Molimo mpe na Solo

Kati na Yoane 4:23-24 Yesu Alobi na biso ete, "Kasi ntanngo ekoya, ϵϵ, ezali sasaipi, wana bangumbameli na solo bakosambela Tata na Bisamebeli na molimo mpe na solo..Oyo ezali eteni oyo Yesu Alobelaki na Mwasi oyo Akutanaki na Ye na libulu na mai kati na mboka na Basamaria na Sychar. Mwasu atunaki na Yesu, oyo Abandaki lisolo elongo na ye na kosenga ye mai, mpona esika na kongumbamela, eloko oyo ekoma ntina na kokamwisa (Yoane 4:19-20).

Na tango Bayuda bapesaka ba mbeka na Yelusalema esika wapi Tempelo ezalaka, Basamaria bapesaka mbeka na bango na ngomba na Grlezim. Yango ezali mpo ete na tango Yisalele ekabwanaka na biteni mibale na tango na bokonzi na Lehoboama mwana na Solomo, Yisalele na likolo etongaki esika molai esika wana mpona kopekisa baton a kokende na Tempelo na Yelusaleme. Lokola mwasi oyo ayebaka yango, alingaka koyeba esika esengela mpenza mpona kongumbamela.

Mpona baton a Yisalele, esika na kongumbamela ezalaka na motuya mingi. Lokola Nzambe Azalaki kati na Tempelo, batiaki yango pembeni mpe badimaki ete yango ezalaki katikati na mokili. Kasi mpo ete lolenge na motema moto angumbameli na yango eleki motuya koleka esika na kongumbamela, na tango Yesu Amitalisi mpenza lokola Masia Alingaki ete yango eyebana malamu ete bososoli na kongumbamela mpe esengelaki na kozongisama sika.

Nini ezali "kongumbamela kati na molimo mpe na solo"? Kongumbamela kati na molimo ezali kokomisa lipa ba buku 66 nioso kati na Biblia kati na koyeba mpe na kotondisama na Molimo Mosantu, mpe kongumbamela kati na mozindo na mitema na biso elongo na Molimo Mosantu oyo Afandi kati na motema na biso. 'Kongumbamela kati na Solo> ezali, elongo na bososli esengela na Nzambe, kongumbamela Ye na ba nzoto na biso nioso, motema, mokano, mpe mpenza na bosolo kati na kopesa Ye, kati na esengo, matondi, mabondeli, masanjoli, misala, mpe na mabonza.

Soko to mpe te Nzambe Azali kondima masanjoli na biso etali te na lolenge na biso na komonana na libanda to mpe na monene na mabonza na biso, kasi lolenge tozali kolandela na oyo tozali kopesa Ye longwa na circonstances na moko na moko. Nzambe Akondima yango na esengo mpe mpe Akoyanola bosenga na motema na ba oyo bakongumbamela Ye na mozindo na motema na bango mpe bakopesa mabonza epai na Ye na kotindikama te. Kasi, Andimaka te kongumbamela na bato na monoko mabe ba oyo mittema na bango mikotalaka kaka oyo basusu bakolobaka mpona bango.

3. Kopesa Bongumbameli eye Nzambe Andimaka

Ba oyo kati na biso oyo bazali kobika kati na ekeke na Kondimana na Sika esika wapi Mobeko mobimba ekokisamaki na Yesu Christu, basengeli kongumbamela Nzambe na lolenge eye ekoki mpenza. Yango ezali mpo ete bolingo ezali mobeko moleki monene eye epesami na Yesu Christu Ye oyo Akokisaki Mobeko kati na bolingo. Kongumbamela ezali bongo lolenge na bolingo na biso mpona Nzambe. Bato misusu bakotatolaka bolingo na bango mpona Nzambe na bibebu kasi na lolenge bango bazali kongumbamela Ye, emonani mpenza na kotunama motuna ngonga na ngonga soko to te balingaka solo Nzambe longwa na mozindo na mitema na bango.

Soki tozalaki kokutana na moto moko oyo azali mokolo na mpete to mpe na mbula, tokobongisa bilamba na biso, ezaleli mpe motema. Soki tosengelaki kopesa na ye likabo, tokobongisa likabo kitoko ezanga mbeba na kobbanga mingi. Sasaipi, Nzambe Azali Mokeli na nioso kati na mokili mpe Asengeli na nkembo mpe masanjoli epai na bikelamo na Ye. Soki tosengeli kongumbamela Nzambe kati na molimo mpe na solo, tokoki soko te kozala na lolenge eye esengeli te liboso na Ye. Tosengeli na komitala soko to te tozalaka na eloko esengelaki te mpe toyeba ete tosengeli kokota mayangani na nzoto na biso nioso, motema, mokano, mpe na kolandela.

1) Tokoki te Koya Sima Kati na Mayangani.

Lolenge kongumbamela ezali elulu esika wapi tozali kondima bokonzi na molimo na Nzambe oyo Amonanaka te, tokosengela na kondima Ye kati na motema na biso kaka sima na biso komikotisa kati na mibeko mpe malako eye Ye Atia. Na bongo, ezali motuya mpenza mpona kozala na ngonga kati na mayangani ata soki likambo yango ezali boni.

Mpo ete ngonga na koyangana ezali tango tobonzeli Nzambe, tosengeli kokoma liboso na ngonga na koyangana, tomikaba biso mpenza kati na kobondela, mpe tobongisa mpona mayangani na mitema na biso nioso. Soki tosengelaki kokutana na mokonzi na monene, mokonzi na mboka, to mpe ministre way ambo, tokokoma solo na liboso mpe tokozela na mitema na biso mibongisami. Boni bongo, tokoki kozala na sima na tango to mpe na likolo likolo na tango tosengeli kokutana na Nzambe oyo Azali na kopimama te monene na koleka mpe na bokonzi eleki?

2) Tosengeli kopesa matoyi na motuya moleki na mateya
Mobateli mpate (Pasteur) azali nganga oyo apakolama na Nzambe; azali lolenge moko nan ganga Nzambe na Kondimana na Kala. Mobateli mpate oyo atiama mpona kosakola Liloba na etumbelo na bulee azali motambwisi oyo azali kotambwisa etonga na ba mpate na Lola. Na bongo, Nzambe Atalaka yango lokola bozangi botosi epai na mobateli mpate lokola bozangi botosi mpe na sembo epai na Nzambe Ye moko.

Kati na Esode 16:8 tomoni ete na tango baton a Yisalele bayimaki mpe batelemelaki Mose, basalaki bongo mpenza, epai na Nzambe Ye moko. Kati na Samuele 8:4-9, na tango bato bazangaki kotosa Mosakoli Samuele, Nzambe Atalaki yango lokola ezaleli na kozanga kotosa epai na Ye. Boye, soko ozali kosolola na moto pembeni nay o to mpe soki makanisi ma yo etondisama na makanisi na pamba pamba na tango mobateli mpate azali kopesa mateya mpona Nzambe, bozali na bizaleli mabe liboso na Nzambe.

Konimba to mpe kolala kati na mayangani ezali mpe ezaleli na kozanga bizaleli. Bokoki kobanza lolenge nini ekozala mabe soki secretaire to mpe ministre alali mpongi na tango mokonzi na mboka azali kotambwisa makutani? Na lolenge moko, kolala mpongi to mpe konimba kati na ndako na Nzambe eye ezali nzoto na Nkolo na biso ezali ezaleli na kozanga botosi liboso na Nzambe, mobateli mpete, mpe bandeko babali mpe basi kati na kondima.

Ekoki mpe kondimama te mpona kongumbamela na molimo mobukana. Nzambe Akondima te mayangani mobonzami epai na Ye na kati na kozanga kotonda na esengo kasi kati na komilela. Na bongo, tosengeli kokota mayangani na kongumbamela na ezaleli na kozela mateya eye euiti na elikia na biso mpona Lola, mpe na motema na kopesa matondi mpona ngolu na lobiko mpe bolingo. Ezali malamu te koningisa to mpe kosolola na moto oyo azali kobondela epai na Nzambe. Kaka lolenge eye osengeli te kokata lisolo kati na baninga na bino mpe bakolo na bino, ezali malamu te kokata lisolo kati na moto na Nzambe.

3) Masango to mpe makaya masengeli te komelama liboso na koya kati na mayangani.

Nzambe Akotala te kozanga makoki na mondimi na sika mpona kotika komela masanga mpe kotika makaya mpona kondima na ye ezangi makasi ezala lisumu. Kasi, soki moto oyo azwa libatisi mpe azali na ebonga kati na lingomba akobi na komela masanga akobi na komela masanga mpe na komela makaya, oyo ezali elembo na bozangi botosi liboso na Nzambe.

Ata ba oyo bandimela te bamonaka ete ezali malamu te to mpe mabe kokende na ndako na Nzambe nan se na milangwa to mpe sima na komela makaya. Na tango moto amoni makambo ebele mpe masumu maye mautaka na komela masanga mpe na makaya, akokoka kososola kati na solo lolenge nini asengeli komitambwisa lokola mwana na Nzambe.

Komela makaya ememaka naba cancer na lolenge na lolenge mpe ezali mpenza mabe mpona nzoto, na tango na komela masanga, mpe yango ekoki komema moto na kobeba, mpe yango ezali moto na bizaleli mpe maloba na malamu te. Lolenge Kani mondimi oyo amelaka makaya mpe masanga azala ndakisa lokola mwana na Nzambe, mpe ye oyo bizaleli na ye ekoki ata kokitisa ye? Na bongo, soki bozali na kondima na solo, bosengeli nokinoki kolongola bizaleli oyo na kala. Ata soki bozali babandi kati na kondima, kosala makasi na lolenge nioso mpona kolongola bizaleli na kala na kobika ezali kozala malamu liboso na Nzambe.

4) Tosengeli te kobungisa to mpe kobebisa ambiance malamu kati na mayangani

Lingomba ezali esika na bulee eye etiama pembeni mpona kongumbamela, kobondela, mpe kosanjola Nzambe. Soki baboti bandimeli bana na bango ete balela, kosala makelele, to mpe kokima kima, mwana oyo akopekisa na bandimi misusu ete bangumbamela na mitema na bango mibimba. Yango ezali ezaleli na malamu te liboso na Nzambe.

Ezali mpe bozangi botosi kotomboka to mpe kozwa nkanda to mpe koloba mpona bombongo moko to mpe makambo na mokili kati na lingomba. Kolia ba chewing gum, to mpe koloba makasi mpenza, na bato pembeni na bino, mpe na kotelema mpe kobima libanda kati na mayangani ezali mpe bozanga monene na botosi. Kolata ba chapeau, t shirt, ba body, to mpe mapapa na lagome kati na mayangani ezali kokende mosika na bizaleli misengela. Komonana na libanda ezali na motuya te, kasi ezaleli na kati na moto mpe motema mikotalisamaka mingi na lolenge alati na komonana libanda. Kobanga na oyo moto azali komibongisa mpona mayangani etalisamaka na bilamba mpe komonana na libanda.

Kozala na kososola malamu mpona Nzambe mpe na nini elingaka Ye ekopesaka na biso nzela na kobonzela Ye mayangani na molimo kati na kongumbamela oyo Nzambe Andimaka. Na tango tozali kongumbamela Ye kati na molimo mpe na solo- Akopesa na biso nguya na bososoli mpo été tokoka kokoma bososoli yango na mozindo na motema na biso, tobota ebele na ba mbuma, mpe tosepela ba ngolu malamu mpe mapamboli na oyo Akonokiselaka biso.

4. Bomoi Oyo Etalisami na Kongumbamela kati na Molimo mpe na Solo

Na tango tozali kongumbamela Nzambe kati na molimo mpe na solo, ba bomoi na biso mizongisami sika. Nzambe Alingi bomoi na moko na moko kati na mobimba na yango ezala bomoi etalisami na kongumbamela Katina molimo mpe na solo. Lolenge nini tosengeli komitambwisa biso moko mpona kobonza epai na Nzambe mayangani na molimo eye Ye Akondima kati na esengo?

1) Tosengeli kosepela tango nioso.

Esengo na solo eutaka kaka na ntina na kozala na esengo te kati ata ata na tango tokutani na makambo na pasi mpe na kokoso. Yesu Christu, oyo tondimela lokola Nkolo mpe Mobikisi na biso, Ye moko azali ntina mpona biso kosepela tango nioso mpo été Ye Azwa mikumba na bilakeli mabe na biso nioso.

Na tango tozalaka na nzela na kobebisama, Asikola bison a masumu na kotangisaka makila na Ye. Azwa bobola na biso mpe ba bokono kati na Ye moko, mpe Afungola minyololo na mabe na ba mpinzoli, ba pasi, pasi na motema mpe kufa. Lisusu, abuka nguya na kufa mpe Asekwaka, na bongo kopesa na biso elikia na lisekwa mpe kondimela biso ete tozwa bomoi na solo mpe Lola kitoko.

Soki tozwa Yesu Christu kati na kondima lokola moto na bison a esengo, bongo ekotikala na eloko mosusu te mpona bison de kaka na kosepela. Mpo ete tokozala nan a elikia kitoko na bomoi sima na bomoi oyo mpe elikia na libela ekopesamela biso, ata soki tozali na bilei te to mpe tokangami na makambo kati na libota, ata soki tozingami na minyoko na motema mpe na konyokolama, nioso ekozala pamba mpona biso. Lolenge motema na biso motondisami bolingo mpona Nzambe ekotepaka tepaka te, mpe elikia na biso mpona Lola ezali koningisama te, esengo ekokita soko te. Na tango mitema na biso itondisamaki na ngolu na Nzambe mpe elikia na Lola, esengo ekobima na tango nioso, mpe mikakatano ekombongwana nokinoki na koleka na mapamboli.

2) Tosengeli kobondela na kotikaka te.

Ezali na ba ntina misato mpona "kobondela na kitakaka te." Yambo, ezali kobondela na momesano. Ata Yesu, kati na mosala na Ye, Alukaka bisika na kimia wapi Akokaki kobondela kolandisama na « bizaleli na Ye. » Daniele abondelaka mbala misato na mokolo kati na momesano mpe Petelo mpe bayekoli misusu mpona kotondisa ebele na mabondeli mpe kosala été mafuta na Molimo Mosantu etikala na kokita soko te. Kaka wana nde tokoka kososola Liloba na Nzambe kati na mayangani na lingomba mpe tozwa makasi na kobika kati na Liloba.

Elandi, "bondela na kotika te" ezali kobondela na ba tango oyo maye mabongisama te kati na momesano to mpe na kolandisama. Ezalaka na ba tango Molimo Mosantu Amemaka biso na kobondela ata na libanda na ba tango emesana biso kobondela. Tomesana koyoka matatoli na bato oyo bakommaka mikakatano to mpe babatelamaka na ba makama na tango batosaa kati na kobondela na ba tango wana.

Na suka, "kobondela na kotika te" ezali kotanga Liloba na Nzambe moi mpe butu. Na kotalaka te esika wapi, to mpe na nani, to mpe nini moto akoki kosala, solo kati na motema na ye esengeli kozala na bomoi mpe asala mosala na ye lokola esengeli.

Kobondela ezali lokola kopema mpona molimo na biso. Kaka lolenge nzoto ekufaka na tango kopema etikaka, kotika na mabondeli ekomema biso kati na bolembu mpe na kokufa na molimo na biso solo. Ekoki kolobama ete moto azali kobondela na kotika te" kaka na tango azali konganga na ngonga moko te kati na mabondeli na ye te kasi mpe na tango ezali ye koyekola Liloba na Nzambe moi mpe butu, mpe azali kobika na yango. Na tango Liloba na Nzambe efandi kati na motema na ye mpe atambwisi bomoi na ye kati na lisangana na Molimo Mosantu, makambo nioso matali bomoi na ye ekotambola malamu mppe akotambwisama malamu mppe kati na mozindo na Molimo Mosantu.

Kaka lokola Biblia elobeli na biso ete "toluka naino bokonzi na Ye mpe boyengebene na Ye," na tango tozali kobondela mpona bokonzi na Nzambe- mokano na Ye mpe lobiko na milimo na batoo- esika na makambo na biso moko,, Nzambe Akopambolaka biso ata mingi na koleka. Kasi, ezali na bato oyo babondelaka tango mikakatano etelemeli bango to mpe tango bayoki eloko kozanga, nde sima bakozwaka kopema mpona kobondela na tango kimia eyeli bango. Ezali na basusu mpe bakobondelaka makasi tango batondisami na Molimo Mosantu kasi bakopemaka mpona kobondela na tango babungisi kotondisama.

Ata bongo, tosengeli na tango nioso kosangisa mitema na biso mpe totombola epai na Nzambe malasi na kobondela na biso na oyo Ye Asepelaka. Bokoki kokanisa boni kotungisama mpe pasi ezalaka kokangisa maloba na tango mokano na moto elingi te mpe na komeka kokokisa tango kati na kobondela na tango mpe tozali komeka kobunda na konimba mpe makanisi na pamba. Boye, soki mondimi azali komitala ete azali na etape moko kati na kondima kasi akobi na kozala na mikakatano mpe ayoki ete ezali mozito mpona kososola na Nzambe, aekoyoka ye nsoni te mpona kotatola "bolingo" na ye mpona Nzambe? Soki boyoki lokola, 'Libondeli na ngai ezali pamba mpe esika moko na molimo,' bomitala malamu mpona komona boni esengo mpe kopesaka matondi bozalaki.

Ezali na mpenza bongo ete tango motema na moto etondisama

na esengo mpe na kopesa matondi, kobondela ekozala kati na kotondisama na Molimo Mosantu mpe yango ekozala te esika moko kasi ekokota na mozindo maleka. Moto akozala na koyoka te ete azali na makoki te mpona kobondela. Kasi na pasi koleka ebandeli ekozala, ye mpe akokoba na kolikia ngolu na Nzambe, akoleka na mposa makasi na ngolu na Nzambe, yango ekomema ye na kobelela Nzambe na makasi na koleka mpe kondima na ye ekokola etape na etape.

Na tango tobeleli kati na kobondela longwa na nse na motema na bison a kotika te, tokobimisa ebele na ba mbuma na kobondela. Ata soki mimekano na lolenge nini miye na nzela na biso, tokobatela ngonga na kobondela. Mpe, kolandisama na molai nini tobelelaki kati na kobondela, mozindo na kondima na molimo mpe boolingo ekokola, mpe tokokabola mpe ngolu elongo na basusu. Na bongo, esengeli kaka mpona biso kobondela na kotikaka te kati na esengo mpe na matondi mpo ete tokoka kozwa biyano na Nzambe na lolenge na ba mbuma kitoko na molimo mpe na nzoto.

3) Tosengeli kopesa matondi kati na makombo nioso.

Mpona nini bosengeli kopesa matondi? Likolo na nioso ezali na ntina ete biso, ba oyo tosengelaki na kufa, tobikisami mpe tokkoki kokota Lola. Tina ete epesamela biso nioso ata lipa na mokolo na mokolo mpe nzoto malamu, mazali ba ntina masengeli mpona biso kopesa matondi. Lisusu, tondimela Nzambe na Nguya Nioso.

Nzambe Ayebi nioso na makambo na biso mpe na ba lolenge na biso nioso, mpe Ayokaka mabondeli na biso nioso. Na tango totie elikia epai na Nzambe kino suka kati na mimekano na lolenge nioso, Akotambwisa biso mpo ete tobima na yango na kitoko koleka sima na mimekano na yango.

Na tango tonyokolami mpona nkombo na Nkolo na biso to

mpe ata na tango tokutani na mimekano likolo na ba mbeba na biso moko to mpe kosukisama, soki solo tokotia elikia na Nzambe, nde bongo tokomona ete eloko kaka moko tokoki kosala ezali kopesa matondi. Na tango tozangi to mpe tozwi eloko te, tokopesa lisusu matondi na koleka mpona nguya na Nzambe oyo ekopesaka biso makasi mpe ekomisaka na kokoka moto alembic. Ata na tango makambo tokutani na yango eleki pasi mpona kolekela mpe mpona kondima, tokokoka kopesa matondi mpona kondima na biso epai na Nzambe. Na tango topesi matondi kati na kondima kino suka, na suka makambo nioso makotambola elongo mpona bolamu mpe mikombongwana na mapamboli.

Sepela tango nioso, kobondela na kotika te, mpe kopesaka matondi kati na makambo nioso mizali nioso na epemile eye tozali kopima boni ba mbuma eboti biso kati na molimo mpe na nzoto kati na bomoi na biso kati na kondima. Kolandana na lolenge moto akobi na kobunda mpona kosepela ata soki makambo mazali pasi, akolona ba nkona na esengo, mpe azali kopesa matondi na mozindo na motema na ye lokola ezali ye koluka na kopesa matondi, mingi mpe na ba mbuma na esengo mpe na matondi ekobota ye. Ezali lolenge moko na kobondela, mingi na makasi ekotia biso kati na kobondela, makasi monene moleka mpe biyano tokobuka lokola mbuma.

Na bongo, kati na kopesaka epai na Nzambe mikolo nioso mayangani na molimo eye Ye Alingaka mpe na oyo Asepelaka na nzela na bomoi esika wapi bokosepelaka tango nioso, bokobondelaka na kotika te, mpe bokopesaka matondi (1 Batesaloniki 5:16-18), Nakolikia ete bokobota ebele mpe mingi na ba mbuma na molimo mpe na nzoto.

Chapitre 2

Ba Mbeka na Kondimana na Kala lolenge Ekomama kati na Lewitiko

YAWE Abiangi Mose mpe Alobelaki ye longwa na hema na koyangana ete, 'Solola na baton a Yisalele mpe lobela bango ete, "Soko moto na bino ayei na mbeka mpo na YAWE bokoya na mbeka na bino euti na etonga na bangombe soko na bantaba mpe na bampate."'"

Lewitiko 1:1-2

1. Motuya na Lewitiko

Emesana na kolobama ete Emoniseli kati na Kondimana na Sika mpe Lewitiko kati na Kondimana na Kala mizali bisika mileki pasi mpona kososola kati na Biblia. Mpona ntina yango, na tango tozali kotanga Biblia bato misusu balekisaka bisika wana na tango basusu bakanisaka ete mibeko mpona kopesa mbeka kati na Kondimana na Kala etali lisusu biso na mikolo na lelo te. Kasi, soki biteni wana misengeli lisusu na biso te lelo, ezali na ntina moko te mpona Nzambe Akoma ba Buku wana kati na Biblia. Mpo ete liloba nioso kati na Kondimana na Kala mpe kati na Kondimana na Sika izali na motuya mpona bomoi na biso kati na Christu, Nzambe Andima yango ete ekomama kati na Biblia (Matai 5:17-19).

Mibeko na kopesa mbeka kati na Kondimana na Kala misengeli ten a kobwakama kati na ekeke na Kondimana na Sika. Kaka lolenge ezali na Mobeko mobimba, Mibeko mpona kopesa mbeka kati na Kondimana na Kala ekokisama mpe epai na Yesu kati na Kondimana na Sika. Ntina na mibeko kotalisama kati na ekeke na ba mbeka na Kondimana na Kala italisami kati na etape moko na moko kati na mayangani kati na lingomba na Nzambe mpe na ba mbeka na tango na Kondimana na Kala ezali lolenge moko na lolenge na kotambwisa mayangani na mikolo na lelo. Na tango tososoli malamu mibeko mpona kopesa mbeka kati na ekeke na Kondimana na Kala mpe ba ntina na yango, tokokoka mpe kolanda nzela mokuse mpona mapamboli na wapi biso tokokutana na Nzambe mpe tokotambola na Ye elongo na kososoola malamu lolenge na kongumbamea mpe na kosalela Ye.

Lewitiko ezali eteni na Liloba na Nzambe eye esengeli mpona

bato nioso oyo bandimeli Ye. Oyo ezali mpo ete, lolenge emoni biso kati na 1 Petelo 2:5 ete, "Bino mpe lokola mabanga na bomoi, botongami ndako na molimo; bozala banganga na bulee mpo na kotombola mbeka na molimo ekosepelisa Nzambe mpona Yesu Christ," moto nioso oyo azwi lobiko na nzela na Yesu Christu akoki kokende liboso na Nzambe, kaka lolenge na banganga Nzambe na Kondimana na Kala basalaka.

Lewitiko ekabolama na biteni minene mibale. Eteni na liboso elobe;I mingi lolenge nini masumu na biso malimbisami. Etali mpenza mingi mibeko mpona ba mbeka mpona kolimbisama na masumu. Elimboli mpe makoki mpe misala na banganga Nzambe oyo batalaka ba mbeka kati na Nzambe mpe na bato. Eteni na mibali elimboli na mozindo mingi masumu maye Nzambe Aponaka, baton a Ye babulisami, basengeli kosala te. Na mokuse, mondimi niso asengeli koyekola mokano na Nzambe eye ezwimi kati na Lewitiko, eye elobeli lolenge nini na kobatela eye ye azali na yango na Nzambe.

Mibeko mpona ba mbeka kati na Lewitiko italisi lolenge nini biso tosengeli kongumbamela. Kkaa lolenge tokutanaka na Nzambe mpe tozwaka biyano na Ye mpe mapamboli na nzela na mayangani na kongumbamela, bato kati na Kondimana na Kala bazwaki bolimbisami na masumu mpe bamonaki misala na Nzambe na nzela na ba mbeka. Kasi sima na Yesu Christu, Molimo Mosantu Azwa esika kati na biso mpe endimelama biso tozala na lisangana elongo na Nzambe lokola ezali biso kongumbamela Ye na molimo mpe na solo kati na misala na Molimo Mosantu.

Baebele 10:1 elobi na biso ete, "Pamba te Mibeko izali bobele elilingi na makambo malingi koya; izali lolenge na solo na makambo na sembo te. Bongo ikoki kobongisa ba oyo bakobelemaka na kosambela te, na nzela na mbeka ekotombwama mbula na mbula libela." Soki ezali na eloko, bongo ezali na elilingi na eloko yango. Lelo, "eloko" ezali ete biso tokoki kongumbamela na nzela na Yesu Christu mpe kati na Kondimana na Kala, bato babatelaki lisangana na bango na Nzambe na nzela na ba mbeka, eye izalaki elilingi.

Kopesa epai na Nzambe esengeli kosalema kolandisama na mibeko Alingaka; Nzambe Andimaka te masanjoli euti epai na moto oyo apesi yango kolandisama na ba ndenge na ye moko. Kati na Genese 4, tomoni ete na tango Nzambe Andimaka ba mbeka na Abele oyo alandaka mokano na Nzambe, kasi Ye Atalaki malamu te libonza na Caina yo asalelaki na nzela na ye moko mpona kobonza.

Lolenge moko mpe, ezalakka na mayangani eye Nzambe Asepelaka na yango mpe masanjoli eye ekobimaka libanda na mibeko ma ye mpe bongo ekomaka pamba na miso na Nzambe. Kotala kati na buku na Lewitiko ezali na mayebisi mpona ba lolenge na masanjoli na wapi tokoki kozwa biyano na Nzammbe mpe mapamboli mpe na wapi Ye Asepelaka.

2. Nzambe Abiangi Mose Longwa na Hema na Koyangana

"YAWE Abiangi Mose mpe Alobelaki ye longwa na hema na koyangana..."

Hema na koyangana ezali hema na kotambwisa eye ezalaka kosunga kokende na bana na Yisalele oyo bazalaki kobika kati na lisobe, mpe yango ezali esika wapi Nzambe Azalaki kobenga Mose.

Hema na koyangana etalasi mongomo eye esengelaki na esika na koyangana mpe na esika eleki bulee (Esode 30:18, 30:20, 39:32, mpe 40:2).

Ekoki mpe na mobimba na yango kotalisa mongombo mobimba mpe esika eye ezali kosangisa lopango mobimba (Mituya 4:31, 8:24).

Kolandisama na Esode mpe na nzela na mobembo na bango esika na mokili na Kanana, baton a Yisalele balekisaki tango molai kati na lisobe mpe basengelaki tango nioso kokende. Mpona ntina yango tempelo esika ba mbeka ezalaki kosalema epai na Nzambe ekokaki te kotongama lokola eloko na esika moko, kasi ezalaki mongomo eye ekokaki na pete komemama. Mpona yango, mobimba ebengama mpe"tempelo na mongomo."

Kati na Esode 35-39 ezali na mozindo na motindo mpona botongi na mongombo. Nzambe Ye mei Apesaki na Mose mozindo na eloko mobimba etali mongombo mpe na biloko esengeli kosalema mpona botongi na yango. Na tango Mose alobelaki lingomba mobimba mpona biloko masengelaki kosalelama mpona kotonga na mongomo, bamemaki kati na kosepela ebele na biloko yango na motuya lokola wolo, palata, motako; mabanga na lolenge na lolenge; bleu, motane mpe bongo na bongo, mpe elamba na petepete mingi; bamemaki ba suki na ntaba, poso na meme, mpe poso mosusu, eye Mose asengelaki kopekisa bato mpona kokoba na komema (Esode 36:5-7).

Mongombo etongamaki bongo na makabo iye lingomba bazalaki kopesa na motema na bango moko. Mpo Bayisalele na nzela na mobembo na bango na Kanana sima na kolongwa Ejipito ata soki bazalaki kokima yango, motuya mpona kotonga mongombo ekokaki kozala moke te. Bazalaki na bandako soko mabele te. Bakokaki kobomba nkita na nzela na bilanga te. Kasi, kati na kolandela liloba na Nzambe ete Asengelaki kobika kati na bango kaka soki esika na koingela mpona Ye ebongisamaki, baton a Yisalele basalaki makasi na lolenge nioso mpe motuya kati na esengo mpe na kosepela.

Mpona baton a Yisalele, bango oyo banyokwamaka mingi na kokitisama mpe kobetama, eloko moko mpona oyo bazalaki na mposa na yango makasi koleka eloko nioso ekokaki kozala bonsomi na boumbu. Na bongo, sima na kosikola bango na Ejipito Nzambe Apesaki mobeko na kotonga mongombo mpona kozala kati na bango. Bato na Yisalele bazalaki na ntina moko na kozelisa te, nde bongo mongomo ezalisamaki, kati na esengo na kopesa na baton a Yisalele lokola moboko na yango.

two. Mbala moko sima na kokota kati na hema ezalaki na 'Mongomo', mpe koleka na nzela na Mongombo kati ezalaki 'bulee eleki bulee.' Yango ezalaki esika eleki bulee. Bulee na ba Bulee ebombaki Sanduku na Litatoli (Sanduku na Kondimana). Mpo ete Sanduku na Kondimana eye ebombaki Liloba na Nzambe, ezali kati na Bulee eleki Bulee etalisi kozala na Nzambe. Na tango Tempelo na mobimba na yango ezalaki esika na bulee lokola ndako na Nzambe, Esika eleki Bulee ezali esika etama pembeni mpe etalisama lokola esika eleki nioso na bulee. Ata nganga Nzambe mokonzi apesamelaki na kokota bulee eleki bulee kaka na mbala moko na mbula mpe tango yango ezalaki kopesa mbeka na masumu epai na Nzambe mpona bato. Epekisamaki mpona baton a lolenge nioso kokota kuna. Yango ezalaki mpo ete basumuki bakokaki te kokende liboso na Nzambe.

Kasi, na nzela na Yesu Christu biso nioso tozwi nzela na kokoka kokende liboso na Nzambe. Kati na Matai 27:50-51 totangi ete, "Nde Yesu Angangi lisusu na mongongo makasi mpe Atiki kopema. Mpe ttala, elamba na Tempelo epasuki longwa na likolo kino nan se." Na tango Yesu Amikabaki mbeka Ye mpenza na nzela na ekulusu mpona kosikola bison a masumu, elamba eye ezalaki kokabola esika eleki Bulee mpe biso ekasukaki na biteni mibale.

Mpona oyo Baebele 10:19-20 elimboli ete, "Boye bandeko, tozali na molende ete toingela na Esika na bulee mpo na makila na Yesu na nzela na sika mpe na bomoi oyo Ye Asili kozipwela biso, koleka kati na elamba, yango mosuni na Ye." Elamba yango ekabolamaki lokola Yesu Apesaka nzoto na Ye mbeka kati na kufa yango elakisi bokwei na efelo na masumu kati na Nzambe mpe biso. Sasaipi, moto nani nani oyo andimi Yesu Christu akoki kozwa kolimbisama na masumu mpe akota na nzela eye ebongisamaki mpona kokende liboso na Nzambe oyo Azali Bulee. Na tango na kala kaka nganga nde akokaki kokende liboso na Nzambe, tokoki sasaipi kozala na lisangana makasi elongo na Ye.

3. Limbola na Molimo Mpona Hema na Koyangana

Nini hema na koyangana elakisi mpona bison a lelo? Hema na koyangana ezali ndako na Nzambe esika wapi bandimi bazali kokutana lelo, mongomo ezali nzoto na bandimi oyo bandimelaki Nkolo, mpe esika eleki Bulee ezali motema na biso esika wapi Molimo Mosantu eingeli. 1 Bakolinti 6:19 ebanzisi biso ete, "Boyebi mpe te ete nzoto na bino ezali esambelo na Molimo Mosantu oyo Azali kati na bino, oyo esili bino kozua na Nzambe; bozali mpona bino mpenza te?" sima na biso kondimela Yesu Christu lokola Mobikisi na biso Molimo Mosantu Apesamelaki biso lokola libonza na Nzambe. Mpo ete Molimo Mosantu Azali koingela kati na biso, motema na biso mpe nzoto izali tempelo esantu.

Tomoni mpe kati na 1 Bakolinti 3:16-17 ete, "Boyebi te ete bozali tempelo na Nzambe mpe été Molimo na Nzambe Afandi kati na bino? Soko moto nani akobebisa tempelo na Nzambe Nzambe Akobebisa ye. Mpo ete tempelo na Nzambe ezali esantu; bino bozali yango." Kaka lolenge tosengeli kobatela peto mpe bulee na tango nioso tempelo na Nzambe emonani na miso, tosengeli mpe kobatela nzoto mpe motema na biso petwa mpe bulee na tango nioso lokola esika na kofanda na Molimo Mosantu.

Totangi ete Nzambe Akobebisa nani nani oyo abebisi yempelo na Nzambe. Soki moto azali mwana na Nzambe mpe andimela Molimo Mosantu kasi akobi na komibebisa ye moko, Molimo Mosantu Ekozimama mpe lobiko moko te ekozala mpona moto yango. Kaka na tango tobateli bulee tempelo wapi Molimo mosantu Afandi na ezaleli na biso mpe na mitema na bison de tokoka kozwa lobiko na mobimba mpe tozala na lisangana mpe mozindo elongo na Nzambe.

Na bongo, lolenge Nzambe Abengaki Mose longwa na hema na koyangana elakisi ete Molimo Mosantu Azali kobenga biso kati na biso moko, mpe Azali koluka lisangana elongo na biso. Ezali bongo momesano mpona bana na Nzambe oyo bazwi lobiko bazala na lisangana na Tata Nzambe. Basengeli kobondela na Molimo Mosantu mpe mpe bangumbamela na kati na molimo mpe solo kati na lisangana na mozindo na Nzambe.

Bato na ekeke na Kondimana na Kala bakokaki te kozala na lisangana na Nzambe Bulee mpona oyo etali masumu na bango.

Kaka nganga Nzambe mokonzi akokaki kokota Esika eleki Bulee kati na mongombo mpe apesa ba mbeka epai na Nzambe mpona bato. Lelo, mwana na Nzambe nioso akoki kokota kati na Mongombo mpona kosanjola, kobondela, mpe azala na lisangana na Nzambe. Oyo ezali mpo ete Yesu Christu Asikola bison a masumu nioso.

Na tango tondimelaki Yesu Christu, Molimo Mosantu Azali kofanda kati na motema na biso mpe Atali yango lokola esika eleki Bulee. Lisusu, kaka lolenge Nzambe Abengaka Mose longwa na hema na koyangana, Molimo Mosantu Azali kobenga biso longwa nan se na motema na biso mpe Alingi kozala na lisangana na biso. Na kondimela biso ete toyoka mongongo na Molimo Mosantu mpe na kozwa kotambwisama na Ye, Molimo Mosantu Akotambwisa biso mpo ete tobika kati na solo mpe tososola Nzambe. Mpona koyoka mongongo na Molimo Mosantu, tosengeli na kolongola masumu mpe mabe kati na motema na biso mpe tobulisama. Na tango tokokisi kobulisama, tokokoka koyoka mongongo na Molimo Mosantu mpenza mpe mapamboli ekotondisama kati na molimo mpe na nzoto.

4. Lolenge na Hema na Koyangana

Lolenge na hema na koyangana ezali mpenza pete. Moto asengeli na koleka ekuke, oyo monene na yango ezali na ba metre libwa (pembeni na ba pied 29,5) na ebimeli na moi na mongombo. Na tango na kokota na lopango na mongombo, moto akoya na kokutana na etumbelo na motako na ba mbeka na kotumba. Kati na etumbelo oyo na mongombo ezali na sani monene na kosukola

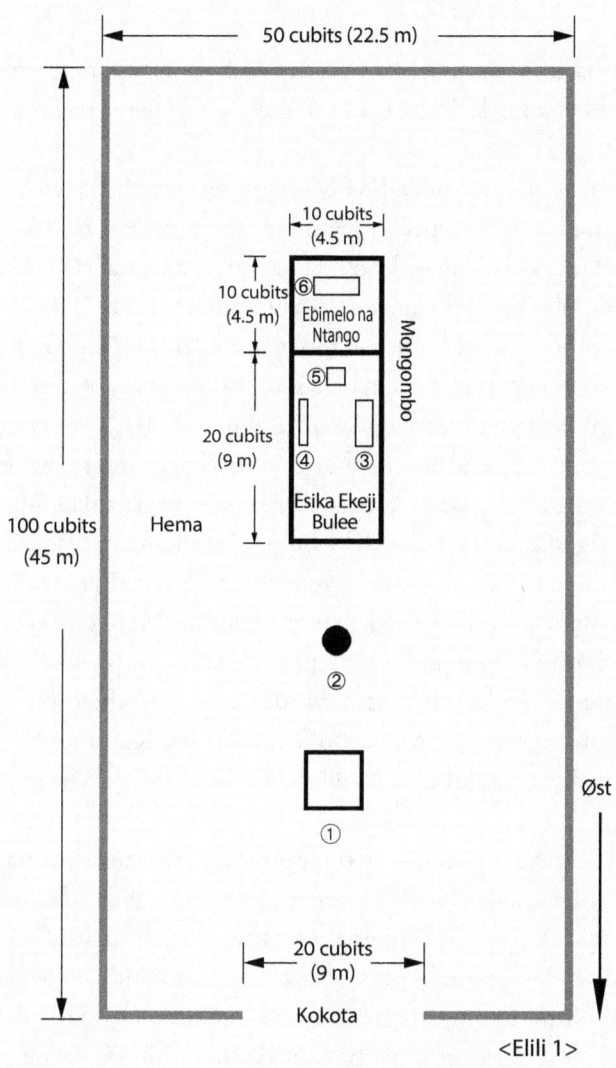

Lolenge na Hema na Koyangana

Ba Dimensions
Lopango: 100 x 50 x 5 cubits
Ekoteli: 20 x 5 cubits
Mongombo: 30 x 10 x 10 cubits
Hema: 20 x 10 x 10 cubits
Esika Eleka Bulee: 10 x 10 x 10 cubits
(* 1 cubit = pembeni na 17.7 misapi)

Biloko na Yango
1) Etumbelo na Mbeka na Kotumba
2) The Laver Esukweli
3) Mesa na Mapa
4) Etelemiseli na Minda na Wolo Mopetolama
5) Etumbelo na Paka Malasi
6) Sanduku na Litatoli (Sanduku na Kondimana)

<Elili 1>

to mpe basin na milulu, likolo na oyo ezali na Mongombo mpe sima na yango esika eleki Bulee eye ezali moboko na hema na koyangana.

Monene na hema ezali na Mongombo mpe Esika eleki Bulee mizali na ba metre minei mpe ndambo (pembeni na 14.7 na ba pied) na monene, 13.5 na ba metre na molai, mpe na ba metre minei mpe ndambo na molai na kotelema (pembeni na 14'7 na ba pied). Mongombo etelemi likolo na moboko esalemi na palata, na efelo na yango esalema na nzete na akasia elatisama na wolo, mpe likolo na yango ezipama na ba tapis minei. Bakerubi batiami na tapis na liboso, ya mibale esalemi na nkunza na ntaba; ya misato esalema na loposo na meme; mpe ya minei esalema na loposo na dauphin.

Mongombo mpe esika eleki Bulee ekabolama na Rideau na ba kerubi mpe likolo na yango. Monene na Mongombo ezali mbala mibale na oyo na Esika eleka Bulee. Kati na Mongombo ezali na mesa mpona Lipa etandami na mesa (eyebana mpe lokola lipa na kotalisama), etelisemeli na mwinda, mpe Etumbelo na Malasi. Biloko nioso oyo isalemi na wolo epetolama. Kati na Esika eleki Bulee ezali na Sanduku na Kondimana (Sanduku na Mibelo).

Tika tosangisa nioso oyo na mokuse. Yambo, kati na Esika eleki Bulee ezalaki esika esantu esika wapi Nzambe Azalaka mpe Sanduku na Kondimana, esika wapi ezali na kiti na ngolu, ezalaki mpe na esika oyo. Na mbala moko na mbula na Mokolo na Bolimbisami, nganga monene azalaki kokota kati na Esika eleki Bulee mpe azalaki kosopa makila likolo na kiti na ngolu mpona bato mpe mpona kosala bolimbisami. Eloko nioso kati na Esika eleki Bulee ebongisamaki na wolo epetolama. Kati na Sanduku na Mibeko ezalaki na mabanga mibale esika wapi Mibeko Zomi

Elili

<Elili 2>

Kotalisama na Mobimba na Hema na Koyangana

Kati na Lopango ezali na etumbelo na mbeka na kotumba (Esode 30:28), Esukweli (Esode 30:18), mpe Mongombo (Esode 26:1, 36:8), mpe kodiembela kati na lopango ezali bilamba petepte mokamolama. Ezali kaka na Ekoteli moko kino na Mongombo na ebimeli nan tango (Esode 27:13-16). Mpe yango elakisi Yesu Christu, ekuke kaka moko na lobiko.

Elili

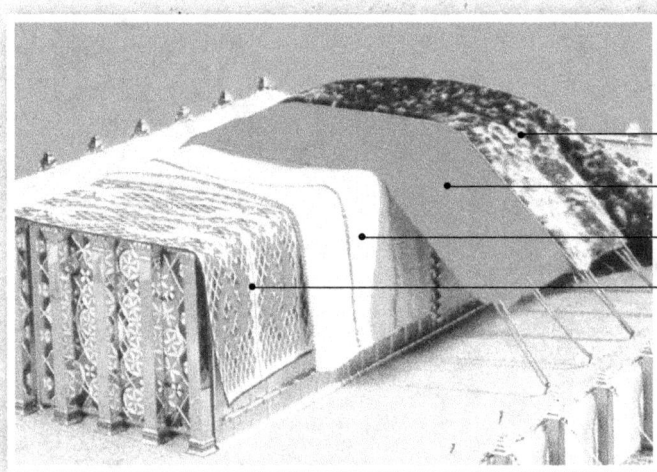

Poso Mo...
Poso na Mpate M...
Bilamba na na Ntaba M...
Bilamba Milatisam... Bakelubi

<Elili 3>

Kolatisama na Mongombo

Kolatisama minei etiami likolo na Mongombo.
Na nse ezali na bilamba mitongami na bakelubi; likolo na yango ezali mposo na nsuki na ntaba; likolo na yango ezali na baposo na mpate; mpe na likolo eleki ezali na loposo na ba dauphins Bizipeli na elilingi na 3 mitalisami mpo ete eteni moko na moko emonana. Na bizipeli mizipami te, , oyo emonani ezali mikangeli mpona Mongombo liboso na Hema na Koyangana, mpe na sima na bango, etumbelo na bap aka malasi mpe bisimbeli mpona Esika eleki Bulee.

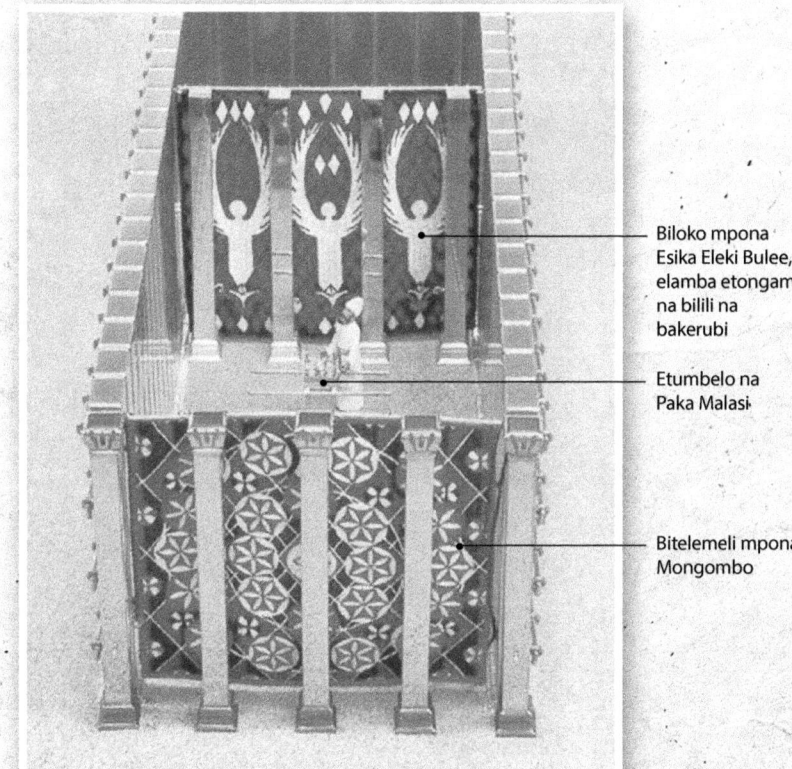

<Elili 4>

Mongombo Emonani na Eloko na Kozipa Emonani

Ezali na bitelemeli mpona Mongombo, mpe na komonana sima na bango ezali na etumbelo nap aka malasi mpe bitelemeli mpona esika eleki Bulee.

Elili

Etumb
Paka M

Etelem
Mwind

Mesa n
Lipa Ali

<Elili 5>

Kati na Mongombo

Na katikati na Mongombo ezali na etelemeli na mwinda esalema na wolo epetolama (Esode 25:31), mesa mpona lipa na Alima (Esode 25:30), mpe na sima ezali na etumbelo nap aka malasi (Esode 30:27).

<Elili 6>

Etumbelo na Paka Malasi

<Elili 7>

Mesa na Lipan a Alima

<Elili 8>

Etelemelo na Mwinda

Elili

<Elili 9>

Kati na Esika Eleki Bulee

Lopanga na sima na Mongombo elongolamaki mpona kondimela kati na Esika Eleki Bulee emonana. Komonana ezali Sanduku na Litatoli, Ebonga na Mawa, mpe bitelemeli na Esika eleki Bulee esika na sima. Mbala moko na mbula, nganga Nzambe Mokonzi alati na pembe akoti esika Eleki Bulee mpe atangisi makila na mbeka na lisumu.

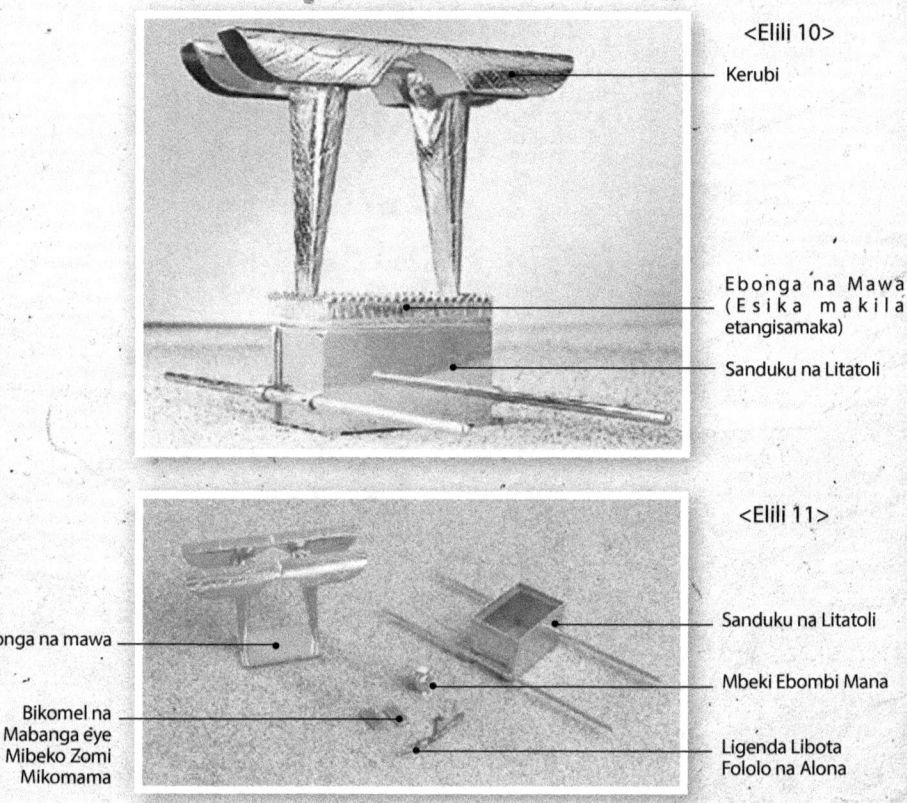

Sanduku na Litatoli mpe Mesa na Mawa

Kati na Esika Eleki Bulee ezali na Sanduku na Litatoli esalema na wolo epetolama, mpe na likolo na Sanduku ezali na mesa na mawa. Mesa na mawa elakisi kozipama na Sanduku na Litatoli (Esode 25:17-22), mpe makila etangisami esika wana mbala moko na mbula. Na ba suka mibele na mesa na mawa ezali na bakerubi mibale ba oyo mapapu na bango mazipi ebonga na mawa (Esode 25:18-20). Kati na Sanduku na Litatoli ezali na bikomelo na mabanga esika wapi Mibek Zomi mikomama; Mbeki ebomba mana; mpe lingenda na Alona eye ebimisi bafololo.

Elili

<Elili 12>

Bilamba na Nganga Nzambe Mokonzi

Epesamelaki nganga Nzambe mokolo kokamba na Tempelo mpe kotala mosala na ba mbeka, mpe mbala moko na mbula azalaki kokota Esika eleki Bulee mpoŋa kopesa mbeka epai na Nzambe. Moto nioso oyo azwaki mosala na nganga Nzambe asengelaki kozala na ba Urim mpe ba Thumim. Mabanga oyo mibale, oyo esalemaka mpona koluka mokano na Nzambe, etiiamaki na elamba na ntolo na likolo na efode oyo nganga alataka. "Ulimi" elakisi minda mpe ba "Thumimi" kokokisama.

mikomama, mbeki ezalaki na mua mana, mpe lingenda na Alona eye ebimisaki fololo.

Mongombo ezalaki esika wapi nganga asengelaki kokota mpona kopesa mbeka mpe kati na yango ezalaki na Etumbela na Malasi, Etielo na mwinda, mpe mesa na Lipa na Komonana, nioso yango isalemaki na wolo.

Misato, saani na kosukola ezalaki eloko esalemaki na motako. Esika na kosokola ezalaki na mai esika wapi ban ganga basengelaki na kosukola maboko na bango mpe makolo liboso na kokota kati na Mongombo to mpe nganga monene kokota kati na Esika eleki Bulee.

Minei, Etumbelo na mbeka na kotumba esalemaki na motako mpe ezalaki makasi na koleka mpona kondima moto. Moto likolo na etumbelo "ebimaka na liboso na YAWE" na tango mongombo esilaka (Lewitiko 9:24). Nzambe mpe Apesaka ndigisa ete moto likolo na etumbelo ebatelama tango nioso na kopela, etikala kobima libanda te, mpe mokolo na mokolo mibale na bam pate na mbula moko bazalaki kopesama mbeka likolo na yango (Esode 29:38-43; Lewitiko 6:12-13).

5. Limbola na Molimo mpona Kopesa mbeka na Ngomba Mobali mpe Bampate

Kati na Lewitiko 1:2, Nzambe Alobaki na Mose ete, "Solola na baton a Yisalele mpe lobela bango ete, 'Soko moto na bino ayei na mbeka mpo na YAWE bokoya na mbeka na bino euti na etonga na bangombe soko na bantaba mpe na bampate.'"

Kati na mayangani na kongumbamela, bana na Nzambe

bazalaki kopesa ba mbeka na klolenge na lolenge ata na kopesa matondi, kotonga mpe na kimia. Ata bongo, Nzambe Apesaki ndingisa ete soki ezalaki na moto oyo amemeli Ye mbeka, mbeka esengelaki kozala ebwele na etonga." Lokola eteni oyo etalisi limbola na molimo, tosengeli te kosala nini likomi etalisi na nzoto, kasi tosengeli naino kososola limbola na molimo nde sima kosala kolandisama na mokano na Nzambe.

Limbola nini na molimo ezali kati na mbeka na ba nyama na bitonga? Elakisi ete tosengeli kongumbamela Nzambe kati na molimo mpe na solo mpe tomikaba mpenza lokola mbeka na bomoi mpe na bulee. Ezali "mayangani na molimo na kongumbamela" (Baloma 12:1). Tosengeli tango nioso kosenjela kati na kobondela mpe tomitambwisa na lolenge bulee liboso na Nzambe kaka kati na mayangani te, kasi mpe kati na bomoi na bison a mokolo na mokolo. Nde bongo kongumbamela na biso mpe ba mbeka na biso nioso ekopesama epai na Nzambe lokola mbeka na bomoi mpe na bulee oyo Nzambe Akotala lokola mayangani na kongumbamela na molimo.

Mpo nini Nzambe Alobaki na baton a Yisalele ete bapesa epai na Ye bangombe babali mpe bampate kati na ba nyama nioso? Ngombe mpe mpate, kati na ba nyama nioso, mingi mingi elakisi Yesu, oyo Akoma mbeka na kimia mpona lobiko na bato. Tika biso totala bokokani kati na 'bangombe' mpe Yesu.

1) Bangombe bamemaka mikumba na bato.

Kaka lolenge bangombe bamemaka mikumba na bato, Yesu Amema mikumba na bison a masumu. Kati na Matai 11:28 Alobi na biso ete, "Boya liboso na Ngai, bino nioso bozali na kolemba na mosala mpe kokumba bozito mpe Nakopemisa bino."

Bato babundaka mpe bakosalaka makasi na lolenge nioso mpona kozwa nkita, lokumu, boyebi, koyebana, botombwami mpe bokonzi mpe mpona makambo nioso eye bango bakokaki kolikia. Likolo na mikumba na lolenge na lolenge eye moto amemaka, moto amemaka mpe mikumba na masumu mpe babikaka bomoi na bango kati na mimekano, minyoko, mpe mitungisi.

2) Bangombe bamemaka pasi epai na moto te; bapesaka ye kaka bolamu.

Bangombe bamemaka kaka mosala rpai na moto te kati na kotosa, bapesaka ye mpe miliki, mosuni, mpe kobombama. Longwa na moto na ye kino na makolo, eteni moko ten a ngombe ezalaka pamba. Lolenge moko mpe Yesu Amemelaka kaka bolamu na moto. Kati na kotatola Sango Malamu na Lola epai na babola, babeli, mpe babwakami, Apesaka na bango bolamu mpe elikia, Afungolaka minyololo na mabe, mpe Abikisaka ba bokono mpe makakatani. Ata soki Akokaki te kolala to mpe kolia bilei, Yesu Asalaki makasi nioso mpona kotangisa Liloba na Nzambe ata na molimo wana na suka lolenge nioso ekokaki Ye kosala. Na kopesa mbeka bomoi na Ye mpe kobakama na ekulusu, Yesu Afungolaka nzela na lobiko mpona basumuki basengelaki na Lifelo.

3) Bangombe bapesaka bilei epai na moto na misuni na bango.

Yesu Apesaka na moto mosuni mpe makila ma Ye mpo ete moto akoka kokomisa yango bilei. Kati na Yoane 6:53-54 Alobi na biso ete, "Soko bokolia mosuni na Mwana na Moto te mpe bokomela makila na Ye te, bokozala na bomoi kati na bino mpenza te. Ye oyo akoliaka mosuni na Ngai mpe akomelaka makila na Ngai azali na

bomoi na seko mpe Ngai Nakosekwisa ye na mokolo na nsuka."
Yesu Azali Liloba na Nzambe eye Eyaka kati na mokili oyo na nzoto. Na bongo, kolia nzoto na Yesu mpe komelaka makila ma Ye ezali kokomisa Liloba na Nzambe Lipa mpe kobika na yango. Kka lolenge moto akoki kobika na kolia mpe na komelaka, tokoki kozwa bomoi na seko mpe tokota Lola kaka na koliaka mpe na kokomisa lipa Liloba na Nzambe.

4) Ba ngombe babalolaka mabele mpe bakomisaka yango elanga malamu.

Yesu Azali kobalola elanga na motema na moto. Kati na Matai 13 ezali na lisese eye ezali kopima motema na moto na ba lolenge minei na ba elanga ; elanga na balabala ; na esika na mabanga ; na ba nzube ; mpe mabele malamu. Wuta Yesu Asikola biso na masumu na biso nioso, Molimo Mosantu Akomisa esika na kobika kati na mitema na biso mpe kopesa biso makasi. Mitema na biso mikoki kobongwama na mabele malamu ma lisungi na Molimo Mosantu. Lolenge ezali biso kotia elikia kati na makila na Yesu, oyo andimela biso été tolimbisama na masumu na biso nioso, mpe nokinoki totosa solo, mitema na biso mikombongwna na mabele malamu, mpe tokokoka kozwa mapamboli kati na molimo mpe na nzoto na kobukaka mbala 30, 60, mpe 100 na oyo elonaki biso.

Elandi, nini ezali kokokanisa bampate mpe Yesu?

1) Bampate bazalaka kimia.

Na tango tozali kolobela baton a kosokema mpe na kimia, tomesanaka na kokokanisa bango na mpate. Yesu Azali mosokemi Aleki bato nioso. Mpona Yesu Yisaya 42:3 etangi ete, "Akobuka mongendu motutami te, Akozimisa nkamba te oyo ezali kozika moke moke." Ata na basali na mabe mpe na baton a yauli to mpe ena bango oyo batubeli kasi bazongelaka masumu moko, Yesu Akangaka motema kino suka, kozelaka bango ete balongwa na ba nzela na bango. Na tango Yesu Azali Mwana na Nzambe Mokeli mpe Azali na nguya na kobebisa bato nioso. Atikala kokanga mootema mpona biso mpe Atalisa bolingo na Ye ata na tango bato mabe bazalaki kobaka Ye na ekulusu.

2) Mpate Atosaka.

Mpate alandaka kati na kotosa esika wapi mobateli na ye amemaka ye mpe atikalaka wana ata na tango azali kokatama kunza. Lolenge 2 Bakolinti 1:19 etangi ete, "Pamba te Yesu Christu Mwana na Nzambe, oyo biso mpe Siliwano mpe Timote tosakolaki kati na bino, Azali Iyo mpe te, nde kati na Ye ezali Iyo," Yesu Atelemela mokano na Ye te kasi Atikalaki motosi liboso na Nzambe kino kufa na Ye. Kati na bomoi na Ye, Yesu Akenda kaka bisika na bisika na tango na kopona na Nzambe, mpe Asala kaka oyo Nzambe Azelaka Ye Asala. Mpe na suka, ata soki Ayebaka malamu mingi mpona pasi na ekulusu, Amemaka yango kati na kotosa mpona kokokisa mokano na Tata.

3) Mpate Azalaka Petwa.

Awa, mpate ezali mpate na mobali na mbula moko oyo atikala na kosangana te (Esode 12:5). Mpate na mbula oyo akoki na kokokisama na moto malamu mpe apetolama kati na bolenge na ye- to mpe Yesu oyo Azali na mbeba mpe na elembo mabe moko te. Mpate epesaka mpe elamba, mosuni, mpe miliki ; basalaka mabe te kasi bamemaka kaka bolamu na bato. Lolenge etalisama na likolo, Yesu Apesaka mosuni na Ye mpe makila, mpe Apesa na biso eteni na Ye na suka. Kati na kotosa mpenza Tata Nzambe, Yesu Akokisa mokano na Tata Nzambe mpe Abukaka lopango na masumu kati na Nzambe mpe basumuki. Ata lelo, Akobi na kobalola elanga na motema na biso mpo été imbongwana na mabele malamu mpe epetolama.

Kaka lolenge moto asikolamaka na masumu na ye na nzela na bangombe mpe bampate na tango na Kondimana na Kala, Yesu Amibonzaka lokola mbeka na ekulusu mpe Akokisaka kosikolama na seko na nzela na makila ma Ye (Baebele 9:12). Lokola ezali biso kondima likambo oyo, tosengeli kososola na mozindo lolenge nini Yesu Akomaka mbeka na kondimama epai na Nzambe, mpo ete tokoka tango nioso kotikala na kopesa matondi mpona bolingo mpe ngolu na Yesu Christu, mpe tolanda bomoi na Ye.

Chapitre 3

Mbeka na Kotumba

"Nganga akotumba yango nioso na likolo na etumbelo lokola mbeka na kotumba, mbeka na moto, nsolo malamu epai na YAWE."

Lewitiko 1:9

1. Limbola na Mbeka na Kotumba

Mbeka na kotumba, mbeka na liboso oyo ekomami kati na Lewitiko, ezali mbeka mokolo koleka na ba mbeka nioso. Etimolojie na koloba 'mbeka na kotumba' ezali 'kotika yango emata.' Mbeka na kotumba ezali mbeka oyo etiami likolo na etumbelo mpe ezikisamaki nioso kati na moto. Etalisaka mbeka mobimba na moto, komipesa na ye, mpe misala na komikaba. Kosepelisa Nzambe elongo na malasi kitoko na kjotumbama na nyama oyo apesami lokola moto, mbeka na kotumba ezali lolenge eleki na kopesa mabonza mpe ezali elembo na kotalisa ete Yesu Amema masumu na biso mpe Amikaba Ye mpenza lokola mbeka na kokoka, na bongo kokoma malasi na mbeka epai na Nzambe (Baefese 5:2).

Kosepelisa Nzambe na malasi elakisi te ete Nzambe Ayokaka solo na nyama epesami mbeka. Elakisi ete Andimaka malasi na motema na moto oyo apesi na Ye mbeka. Nzambe Atalaka kino esika nini moto yango abangaka Nzambe mpe na bolingo na lolenge nini moto azali kopesa mbeka epai na Nzambe. Nde sima aAkoyamba komipesa na moto mpe bolingo.

Kosasa nyama oyo esengeli kopesama epai na Nzambe lokola mbeka na kotumba elakisi kopesa bomoi na biso epai na Nzambe mpe kotosa nioso oyo ezali mitindo na Ye nioso mpona biso. Na maloba mosusu, limbola na molimo mpona mbeka na kotumba ezali kobika mobimba kati na Liloba na Nzambe mpe kopesa epai na Ye lolenge nioso na bomoi na biso kati na lolenge epetolama mpe bulee.

Na maloba na lelo, ezali lolenge na motema na biso kati na kolaka kobonza bomoi na biso epai na Nzambe kolandisama mokano na Ye na kokota mayangani na Pasika, Feti na Kobuka,

Milulu na Kopesa Matondi, Mbotama, mpe ba Eyenga Nioso. Kongumbamela Nzambe eyenga nioso mpe kobatela ba eyenga bulee elakisi elembo ete biso tozali bana na Nzambe mpe ete milimo na biso mizali na Ye.

2. Komikaba mpona Mbeka na Kotumba

Nzambe Apesi motindo ete mbeka lokola mbeka na kotumba esengeli kozala "mobali na mbeba moko te," yango elakisi kokokisama. Alingi mobali mpo ete na momesano bango bamesana kozala sembo na makambo na bango koleka basi. Bango batepaka tepaka te awa na awa, bazalaka na kilikili te, mpe baninganaka ninganaka te. Lisusu, Nzambe kolinga mbeka ezala na mbeba moko te, elakisi moto asengeli na kongumbamela Ye kati na molimo mpe solo, mpe asengeli te kongumbamela Ye na molomo mobukami.

Na tango tozali kopesa makabo epai na baboti na biso, bango bakondima yango na esengo na tango biso topesi yango na esengo mpe na kolandela. Soki topesi na kotindikama, baboti na biso bakoka te kondima yango kati na esengo. Lolenge moko, Nzambe Akondima te mayangani epesami epai na Ye na esengo te to mpe kati na kolemba, konimba, to mpe makanisi na mokili. Akondima kati na esengo mayangani na biso kaka na tango mozindo na motema na biso motondisami na elikia na Lola, matondi mpona ngolu na lobiko mpe bolingo na Nkolo na biso. Kaka bongo nde Nzambe Akopesa biso nzela na kokima kati na ba tango na komekama mpe na minyokoli, mpe Akondima ba nzela na biso nioso mifuluka.

"Ngombe na elenge" eye Nzambe Apesaki motindo mpona kobonza kati na Lewitiko 1:5 etalisi ngombe elenge oyo atikala kosangana te, mpe na molimo kati na kopetolama mpe na bosolo na Yesu Christu. Bongo, komemama kati na eteni oyo ezali mposa na Nzambe mpona biso mpona koya liboso na Ye na motema petwa mpe na solo oyo ya mwana. Alingi biso totambola lokola ban ate to na bokoli moko te kasi Alingi biso kolanda motema na bana oyo ezali simple, na botosi, mpe na kosokema.

Maseke na ngombe elenge naino ekoli te nde boye ekopesaka pasi te to mpe ezali na mabe te. Bizaleli wana mpe izali oyo na Yesu Christu oyo Azali malamu, na kosokema, mpe na kimia lokola mwana moke. Lokola ezali Yesu na mbeba te mpe na kokoka, Ye Mwana na Nzambe, mbeka eye ekokisami na Ye esengeli mpe kozala na mbeba te mpe na elembo te.

Kati na Malaki 1:6-8 Nzambe Apamelaki makasi bato na Yisalele bango oyo bapesaki epai na Ye ba mbeka na mbeba mpe malamu te été:

Mwana mobali akokumisa tata na ye, mpe moumbo nkolo na ye. Soko nde Ngai Nazali Tata, wapi lokumu na Ngai? Soko Ngai Nazali Nkolo, wapi botosi na kotosa Ngai? YAWE na bibele Alobi bongo epai na bino, ɛɛ banganga baoyo bazali kotiola nkombo na Ngai. Balobi ete, 'Totioli nkombo na Yon a nzela nini? Bokabi bilei na mbindo likolo na etumbolo na Ngai. Bolobi mpe ete,'tobebisi Yo na mbindo na nzela nini? Na nzela na koloba ete, 'Mesa na YAWE ezali eloko na kotiolama. Ekokabela bino ba nyama bakufi miso mpo na mbeka ezali mabe te? Bopesa yango likabo epai na mokolo-na-mokili. Akosepela nde nay o? Akoyamba nde elongi nay o? YAWE na bibele Alobi bongo.

Tosengeli kobonza epai na Nzambe likabo na mbeba te, likakatani te mpe na kokoka na kongumbamelaka Ye kati na molimo mpe na solo.

3. Ba limbola kati na ba Mbeka na Lolenge na Lolenge

Nzambe na sembo mpe na mawa Atalaka kati na motema na moto. Na bongo, Atalaka te monene, motuya, to mpe talon a mbeka kasi kati na lolenge na kobanga Ye na oyo moto na moto abonzaki kati na kondima kolandisama na ba circumstance na ye. Lolenge Alobi na biso kati na 2 Bakolinti 9 :7 été, "Moto na moto asala pelamoko na motema na ye, na mposa moke to mpe na kopusama te, mpo été Nzambe Alingi ye oyo akopesaka na esengo, 'Nzambe Andimaka na tango tokopesaka na esengo kolandisama na makambo na biso.

Kati na Lewitiko 1, Nzambe Alimboli kati na mozindo lolenge nini ngombe elenge, bampate, bantaba, mpe bandeke basengeli kopesama mbeka. Na tango ngonde elenge na mbeba moko te esengelami mpenza na kopesama epai na Nzambe lokola mbeka na kotumba, bato misusu bazali na makoki na ngombe te. Yango ntina, kati na mawa na Ye mpe boboto, Nzambe Andimela bato été bapesa Ye ba mpate, bantaba, to mpe ba nkanga kolandisama na lolenge mpe makoki na moto na moto. Limbola nini na molimo oyo ezali na yango?

1) Nzambe Andimaka mabonza mabonzameli Ye kolandisama na makoki na moto na moto.

Makoki na misolo mpe lolenge ekesanaka na moto na moto; motuya moke na misolo mpona bato misusu ekoki kozala ebele mpona basusu. Mpona ntina na yango Nzambe Andimaka na esengo bampate, bantaba, to mpe bankanga eye bato babonzelaka Ye kolandisama na makoki na moto na moto. Yango ezali bosembo mpe bolingo na Nzambe eye Ye Andimela moto nioso, azla mozui to mpe mobola, mpona kozwa esika kati na mabonnza kolandisama na makoki na moto na moto.

Nzambe Akondima te kati na esengo ntaba eye epesami epai na Ye na moto oyo akokaki kobonza ngombe mobali, Kasi, Nzambe Akondima na esengo mpe koyanola malamu mposa na motema na moto oyo Apesaki epai na Ye ngombe na tango nioso oyo ekokaki ye kobonza ezalaki kaka mpate. Ezala ngombe, mpate, ntaba, to nkanga ebonzamaki, Nzambe Alobi ete moko na moko ezalaki"mbeka na solo malamu" epai na Ye (Lewitiko 1:9, 13, 17). Yango elakisi, na tango ezali na bokeseni na lolenge na kopesa, na tango bobonzeli Nzambe longwa nan se na motemma na biso, mpona Nzambe oyo Alukakalukaka mitema na bato, ezali na bokeseni te lokola yango nioso ezali mbeka na malasi malamu epai na Ye.

Kati na Malako 12:41-44 ezali na esika wapi Yesu Akumisai mwasi mobola mokufeli mobali kopesa mabonza. Makuta mike mibale eye Ye apesaki mizalaki na motuya moke koleka na tango wana kasi mpona ye, izalaki nioso azalaki na yango. Ata moke nini mbeka ekoki kozala, na tango topesi epai na Nzambe oyo eleki na motuya na makoki na biso mpe kati na sai, ekokoma libonza oyo Ye Asepeli na yango.

2) Nzambe Andimaka kongumbamela kolandisama na mayele na moto na moto

Na tango tozali koyoka Liloba na Nzambe, bososoli mpe ngolu ezwamaka ekesanaka kolandisama na mayele na moto na moto, lolenge alakisama, mpe boyebi. Ata kati na mayangani moko, kopimama na bato misusu oyo bazali na mayele mingi mpe bayekola mingi, makoki na kososola mpe na kokanisa Liloba na Nzambe ezali moke mpona bango oyo bazali mpenza na mayele te mpe balekisa tango mingi te mpona koyekola. Lokola Nzambe Ayebi nioso oyo, Alingi moto moko na moko angumbamela kati na mayele na ye moko longwa nan se na motema na ye mpe asosola mpe abika kati na Liloba na Nzambe.

3) Nzambe Andimaka masanjoli kolandisama na mbula na moto na moto mpe makoki na bongo.

Lokola mbula na bato, mayele na bango mpe bososoli mikolembaka. Yango ntina ebele na mibange bakokaka te kososola to kokanisa Liloba na Nzambe. Ata bongo, na tango bato yango bakomikabaka mpona kongumbamela na motema na kolikia mpenza, Nzambe Ayeba likambo na moto na moto mpe Akoyanba masanjoli na bango na esengo.

Bokanga ete, tango moto azali kosanjola kati na kokambama na Molimo Mosantu, nguya na Nzambe ekozala na ye elongo ata soki azanga bwanya mpe mayebi, to mpe azali na mbula mingi. Kati na mosala na Molimo Mosantu, Nzambe Asungaka ye mpona kososola mpe kokomisa Liloba na Nzambe lipa. Boye kolemba ten a kolobaka ete, "Nazangi" to mpe "Namekaki kasi nakoki te," kasi ndima kosala makasi na lolenge nioso longwa na mozindo na motema nay o mpe luka nguya na Nzambe. Nzambe na bison a bolingo Andimaka na esengo mabonza mapesameli Ye kolandisama na makasi maleka na moto na moto mpe kolandisama na circonstance mpe na makoki na moto na moto. Ezali mpona ntina oyo nde Akoma na mozindo na yango makambo matali mbeka kati na Lewitiko mpe ba mbeka na kotumba mpe Asakoli bosembo na Ye.

4. Kobonza Bangombe (Lewitiko 1:3-9)

1) Bilenge na Bangombe na Nzela na Ekuke na Koyangana

Kati na mongombo ezali na Hema mpe na Bisika eleki Bulee.

Kaka nganga Nzambe akokaki kokota kati na Mongombo mpe kaka nganga Nzambe mokonzi akokaki kokota esika eleka Bulee, mbala moko na mbula. Yango ezali tango bato nioso, bango oyo bakokaki te kokota kati na Mongombo, bakokaki kopesa mbeka na kotumba na ba ngombe elenge na ekuke na hemma na koyangana. Kasi, lokola Yesu Abuka ekuke na masumu eye ezalaki kotelema kati na Nzambe mpe biso, tokoki sasaipi kozala na lisangana mpe mozindo na lisolo elongo na Nzambe. Bato kati na Kondimana na Kala bazalaki kobonza na ekuke na hema na koyangana na misala na bango. Kasi, lokola Molimo Mosantu Akomisa motema na biso tempelo na Ye, Akota kati na yango, mpe Azali na biso lisangana na lelo, ba oyo kati na bison a ekeke na Kondimana na Kala bazwa makoki na kokende liboso na Nzambe kati na esika eleka Bulee.

2) Komamama na Loboko likolo na Moto na Mbeka na Kotumba mpona komemisa Lisumu mpe Kokata

Kati na Lewitiko 1:4 kino nan se totangi ete, "Akolalisa loboko na ye na motó na mbeka na kotumba mpe ekoyambama na ntina na ye mpona kozuela ye kozonga na bondeko. Na nsima ye akoboma ngomba liboso na YAWE." Kolalisa loboko na moto na mbbeka na kotumba elakisi kolongolama na masumu na moto na mbeka na kotumba, mpe kaka wana nde Nzambe Akopesa kolimbisama na masumu na makila na mbeka na kotumba.

Kolalisa loboko, likolo na kolongolama na masumu, elakisi mpe mapamboli mpe kopakolama. Toyebi ete Yesu Alalisaki loboko na ye likolo na moto na tango na kopambola bana to mpe kobikisa babeli na ba bokono mpe bakakatani. Na komama na loboko, ba ntoma bakitisaki Molimo Mosantu likolo na bato mpe makabo makomaki ata mingi na koleka. Lisusu, kolalisama na loboko elakisi eloko ebonzamaki na Nzambe. Na tango mosali na Nzambe alalisi loboko na ebele na mabonza elakisi ete ibonzamelami na Nzambe.

Mapamboli na tango na kokanga mayangani to na suka na mayangani to mpe libondeli kokutana na Libondeli na Nkolo misengeli mpona Nkolo mpo ete Ayamba mayamgani to mikutani yango na esengo. Kati na Lewitiko 9:222-24 ezali na esika wapi Alona Nganga Nzambe Mokonzi "Atombolaki maboko na ye esika na bato mpe apambolaki bango" sima na ye kopesa epai na Nzambe masumu mpe ba mbeka na kotuumba kolandisama na ba lolenge wapi Nzambe Asengaki. Sima na biso kobatela bulee Mokolo na Nzambe mpe kosukisa mayangani na libondeli na lipamboli, Nzambe Abatelaka bison a moyini zabolo mpe Satana mpe na mimekano mpe konyokolama mpe Akondimela biso ete tosepela ebele na mapamboli.

Nini yango elakisi mpona moto kokata kingo na ngombe elenge na mbeba moko te lokola mbeka na kotumba? Lokola lifuti na masumu ezali kufa, moto azalaki na nyama kokatama kingo na esika na ye. Elenge ngombe oyo atikala kosangana te azalaka malamu lokola mwana ayebi eloko te. Nzambe Alingaki moto nioso oyo akopesaa mbeka na kotumba babonza yango na motema na mwana ayebi eloko te mpe batikala lisusu kosumuka te. Na suka na yango, Alingaki moto na moto atubela na masumu maye mpe abongisa motema.

Ntoma Paulo azalaki na boyebi malamu na nini Nzambe Alingaki mpe yango ntina, ata sima na kozwa kolimbisama na masumu mpe bokonzi na nguya na mwana na Nzambe, akokufakka mokolo na mokolo." Atatolaki kati na 1 Bakolinti 15:31 ete, "Mokolo na mokolo nazali kokufa, nalobi boye bandeko mpona lolendo lozali na ngai mpo na bino kattti na Kristu Yesu Nkolo na biso," mpo ete tokoki kobonza ba nzoto na biso lokola mbeka bulee mpe na bomoi epai na Nzambe kaka sima na biso kolongola nioso oyo ezali kotelemela Nzambe, lokola motema na solo te, lolendo, moyimi, makambo makosalemaka na makanisi na moto ye moko, bosembo na moto ye moko, mpe nioso oyo ezali mabe.

Nganga Nzambe Akotangisa Makila Pembeni na Etumbelo

Sima na kokata ngombe elenge oyo masumu na moto apesi mbeka ekotiama, nganga Nzambe akotangisa makila zinga zinga na etumbelo na ekuke na hema na koyangana. Yango ezali mpo ete, lokola tokotanga kati na Lewitiko 17:11 ete, "Mpo ete bomoi na mosuni ezali kati na makila, mpe Ngai Nasili kopesa yango na bino na likolo na etumbelo mpo na kosala kozongisa na bondeko na ntina na bomoi, mpo ete ezali makila ekozongisa na bondeko na ntina na bomoi," makila malakisi bomoi. Mpona ntina moko, Yesu Atangisa makila ma Ye mpona kosikola biso na masumu.

"Pembeni na etumbelo" elakisi ebimelo nan tango, ekoteli nan tango, likolo, mpe na ngele, to, mpe na mokuse koleka, 'esika nioso moto akendaka.' Kotangisa makila "zinga zinga etumbelo" elakisi ete masumu na moto ekolimbisama nan tango nioso atubeli. Elakisi ete tokozwaka bolimbisi na masumu oyo esalaki bison a ba nzela nioso mpe tokozwa kotambwisama na nzela oyo Nzambe Alingi biso totambola, mosika na nzela oyo tosengeli solo koboya.

Ezali lolenge moko lelo. Etumbelo ezali esika wapi Liloba na Nzambe eteyami, mpe mosali na Nkolo oyo azali kotambwisa mayangani azali kosala mosala nan ganga Nzambe oyo azali kotangisa makila. Kati na mayangani, tozali koyoka Liloba na Nzambe kati na kondima mpe tozwi nguya na makila na Nkolo na biso, tozwi kolimbisama nan a nioso oyo esalaki biso eye ekesani na mokano na Nzambe. Na tango tolimbisami masumu na biso na makila, tosengeli kaka kokende kosala esika wapi Nzambe Alingi biso tokened mpo ete tofandaka tango nioso mosika na kosumuka.

3) Kolongola Loposo na Mbeka na Kotumba mpe Kokata Yango Biteni Biteni

Nyama oyo apesami mbeka na kotumba asengeli naino kolongolama loposo mpe sima na yango kotumbama mobimba kati na moto. Loposo na nyama ezalaka makasi, pasi mpona kotumbama na mobimba, mpe na tango etumbami ebimisaka solo mabe. Na bongo, mpona nyama kozala mbeka na solo kitoko, asengeli naino kolongolama loposo. Bongo, na lolenge nini na mayangani makambo oyo makokanisami?

Nzambe Akolumbaka solo malasi na moto oyo azali kongumbamela Ye mpe Andimaka te eloko oyo ezali malasi te. Mpona mayangani ezali solo malasi kitoko epai na Nzambe, tosengeli "kolongola bizaleli na ba lolenge nioso tozwaka kati na mokili mpe toya liboso na Nzambe na lolenge na bonzambe mpe na bulee." Kati na bomoi na biso nioso tokutanaka na makambo na lolenge na lolenge eye ekoki te koboyama ete ezali masumu liboso na Nzambe kasi mazali mosika na kozalaka bonzambe to mpe bulee. Makambo oyo na mokili maye masala kati na biso liboso na biso kondimela Christu makoki mpe kotikkala, mpe bisalela, makambo na pamba, mpe komimatisa ekoki kotalisama na miso.

Ndakisa, bato misusu balingaka kokende na ba wenze to mpe na ba supermarché mpona 'kotala biloko' boye bakokende mpe bakosomba na momesano. Basusu bakangama na ba TV to mpe na masano na video. Soki mitema na biso mikangama na biloko oyo nioso, tokokende mosika na bolingo na Nzambe. Lisusu, soki tomitali mpenza, tokokoka komona bilembo na bosolo te eye tozwa na mokili mpe makamboo oyo mazali malamu te liboso na Nzambe. Mpona kozala ya kokoka liboso na Nzambe, tosengeli kolongola oyo nioso. Na tango tozali koya kongumbamela liboso na Ye, tosengeli naino kotubela mpona makambo nioso oyo na mokili mpe mitema na biso misengeli kokoma na ebele na bonzambe mpe bulee na koleka.

Koyamboola makamboo nna masumu, na mbindo, mpe bizaleli

mabe oyo mitalisamaka na miso na bato liboso na mayangani ekokani na kolongola loposo na nyama kati na kotumba mbeka. Mpona kosala oyo, tosengeli kobongisa mitema na biso mpo ete misengela na tango tokomi liboso na kobanda na mayangani. Bondima ete bobonzi libondeli na kopesa matondi epai na Nzambe mpo ete Ye Alimbisaki bino na masumu na bino nioso mpe Abatelaki bino, mpe bopesa libondeli na kotubela lolenge ezali bino komitala.

Na tango moto abonzeli Nzambe nyama elongolama loposo, ekatama na biteni biteni, mpe etumbama na moto, Nzambbe mpe Akozongisela moto yanngo na kolimbisama na masumu, mpe Akonndimela nganga Nzambe asalela oyo etikali mpona makambo oyoo ye amooni malamu. Kokata nyama biteni na biteni elakisi bokatami na moto mpe makolo, libumu, mpe biteni minei, na kokabolaka mitiopo na yango.

Na tango topes aba mbuma lokola ba pastèque to mpe ba pômmes epai na bakolo na biso, tokopesaka bango mbuma na mobimba na yango te; tokolongola yango poso mpe tokolinga yango emonana malamu. Lolenge moko, na kopesaka mbeka epai na Nzambe, tozali kotumba mbeka mobimba te kasi tozali kopesa mbeka epai na Ye na lolenge malamu mpenza.

Limbola nini "kokata mbeka yango biteni na biteni" elakisi?

Yambo, ezali na kokabolama na ba lolenge na lolenge na kongumbamela Nzambe. Ezalaka na Mayangani na Ntongo na Eyenga mpe na Mpokwa, Mayangani na Mokolo na Misato na Pokwa, mpe Mayangani na Butu Mobimba na Mokolo na Mitano. Bokabolami na mayangani na kongumbamela ekokani na « kokata na biteni biteni » na ba mbeka oyo.

Mibale, bokabolami na mambi na mabondeli na biso ekokani na "kokata biteni biteni" na ba mbeka. Na momesano, libondeli ekabolama na koyambola mpe na kobengana milimo mabe, elandisami libondeli na kopesa matondi. Ekokoba na makambo matali ndako na Nzambe; botongi na Ndako na Nzambe; mpona basali na Nzambe mpe basali kati na lingomba; mpona mosala na moto na moto kati na lingomba; mpona kotambola malamu na molimo na moko na moko; mpona bosenga na motema mpe libondeli na kosukisa.

Solo tokoki kobondela na tango ezali biso kotambola na nzela, kokumba motuka, to mpe na kopema. Tokoki kozwa tango mpona koyangana kati na kopema na tango ezali biso kokanisa mpona Nzambe na biso mpe mpona Nkolo na biso. Bokanga mlamu ete pembeni na ba tango na kotanga Liloba,Tozwa tango na koloba mama na likambo na eteni moko na moko na kobondela yango ezali lolenge moko na kokata mbeka biteni na biteni. Bongo Nzambe Akoyamba na esengo libondeli nay o mpe akoyanola malamu.

Misato, "kokata biteni na biteni" mbeka elakisi ete Liloba na Nzambe na mobimba na yango ekabolama na ba Buku 66. Ba Buku 66 kati na Biblia elimboli na mobimba na yango mpona Nzambe na Bomoi mpe mokano na liboko na nzela na Yesu Christu. Kasi, Liloba na Nzambe ekabolami kati na ba buku moko na moko, mpe Liloba na Ye kati na buku moko na moko esangana na kokabwana te kati na yango. Lokola Liloba na Nzambe ekabolama kati na ba lolenge na ba lolenge, mokano na Nzmabe etalisami malamu koleka mpe ezali pete mpona biso tokomisa yango bilei na biso.

Minei, mpe oyo ezali motuya koleka nioso, "kokata biteni na biteni" mbeka elakisi ete mayangani yango moko ekabolamakati mpe ekabolama na makambo na lolenge na lolelge. Libondela na koyambola liboso na kobanda mayangani elandisamaka na eleko na liboso, mua tango moke na kofanda kimia eye ebongisaka mpe ebandisama mayangani, mpe mayangani esilaka ezala na libondeli na Nkolo to mpe na kopambola. Kati na makambo mana ezali kaka na kosakola Liloba na Nzambe te, kasi ezali mpe na libondeli na intercession, masanjoli, botangi na Liloba,, kobonza, mpe makambo misusu. Eteni moko na moko ezali na limbola na yango moko, mpe kongumbamela na molongo moko boye ezali lolenge moko na kokata mbeka na kobonza na biteni biteni.

Kaka lokola kotumbama na biteni nioso na mbeka esukisaka mbeka na kotumba, tosengeli komibonza biso mpenza na mobimba na mayangani longwa na ebandeli kino na suka na mayangani nioso. Bandimi basengeki te kokoma na retard mpe batelema mpona kobima mayangani liboso na yango kosila mpona koluka kolandela makambo na bango moko, soko kaka motuya mingi mpenza. Bato misusu basengeli na kosala mosala na lmotuya kati na lingomba, lokola komikaba mbeka to mpe lokola kosala mosala na protocole mpe na likambo oyo kotika kiti na bino na liboso na kosukisa ekoki kondimama. Bato bakoki kolikia kokoma na tango malamu kasi likolo na mosala na bango bakoki mpe kokoma sima mpona mayangani na Mercredi to mpe na Veiller na Mayangani na Vendredi kasi makambo bakanaki te ekoki kokomela bango. Ata bongo, Nzambe Akotala kati na mitema na bango mpe Ayamba malasi na masanjoli na bango.

4) Nganga Nzambe Akotia Moto Likolo na Etumbelo mpe Akobongisa Koni Likolo na Moto

Sima na kokata kata mbeka na biteni, nganga Nzambe asengeli kobongisa biteni nioso likolo na etumbelo mpe apelisela yango moto. Yango ntina esengami nan ganga Nzambe kopelisa moto na etumbelo mpe kobongisa moto na koni." Awa, na molimo "moto" elakisi moto na Molimo Mosantu mpe koni likolo na moto" elakisi esika mpe eloko kati na Biblia. Liloba moko na moko kati na Ba Buku 66 Biblia esengeli kosalelama lokola moto ya koni. "kobongisa bakoni na moto" ezali, na lolenge na molimo, kokomisa lipa na molimo liloba moko na moko na makambo kati na Biblia kati na misala na Molimo Mosantu.

Ndakisa, kati na Luka 13:33 Yesu Alobi ete, "Ekoki ete mosakoli akufa epai mosusu te bobele na Yelusalema." Komeka kososola eteni oyo na mayele na moto ekoki te, pamba te toyebi ebele na baton a Nzambe, lokola ntoma Paulo to ntoma Petelo, bakufaka libanda na "Yelusalema." Kasi na eteni wana, "Yelusalema ezali te kolobela mboka na mosuni, kasi mboka oyo ememi mokano mpe motema na Nzambe, yango ezali "Yelusaleme na molimo," yango mpe na limbola elakisi "Liloba na Nzambe." Na boye "ekoki te mpona mosakoli akufa esika mosusu soko kaka na Yelusaleme" elakisi ete mosakoli abikaa mpe akokufa kaka kati na Liloba na Nzambe.

Bososoli na oyo ezali biso kotanga kati na Biblia mpe na mateya ezali biso koyoka kati na mayangani na lingomba ekoki kaka kosalama na lisungi na Molimo Mosantu. Eteni nioso oyo na Liloba na Nzambe eye elekeli mayele na moto, makanisi, mpe ba speculation ekoki kaka koteyama na lisungi na Molimo Mosantu nde bongo tokoki kondima Liloba na mozindo na Mitema na biso. Na mokuse, tokokola na molimo kaka soki tososoli Liloba na Nzambe kati na misala mpe lisungi na Molimo Mosantu eutaka na motema na Nzambe kopesamela biso mpe ebota misisa kati na mitema na biso.

5) Kobongisama na Biteni, moto elongo na Mafuta likolo na Nkoni oyo Ezali na Moto eye ezali likolo na Etumbelo

Lewitiko 1:8 etango ete, "Bana na Alona, banganga, bakolalisabiteni, motó na mafuta, na sembo na likolo na nkoni oyo ezali na likolo na etumbelo." Mpona mbeka na kotumba, nganga

Nzambe asengeli kobongisa biteni oyo mikatamaki, lolenge moko na moto mpe mafuta.

Kotumbama na moto na mbeka elakisi ete kozikisama na makanisi nioso na solo te eye ezalaka kati na moto na biso. Yango ezali mpo ete makanisi na biso nioso ebandaka na moto na biso mpe mingi na masumu ebandaka na moto. Baton a mokili oyo bakokatela moto te lokola mosumuki soki masumu ma ye etalisami te na misala. Kasi, kaka lolenge totango kati na Yoane 3:15 été, 'Moto nani nani oyo akoyina ndeko na ye azali mobomi," Nzambe Abengaka likanisi na koyina yango moko lisumu.

Yesu Asikola bison a masumu na biso mbula 2,000 eleka. Asikola bison a masumu maye tokosalaka kaka na maboko na biso te mpe makolo, kasi mpe na moto na biso. Yesu Abetamaka sete na maboko mpe na makolo ma Ye mpona kosikola bison a masumu tokosala na maboko mpe na makolo na biso, mpe alatisamaki motole na nzube mpona kosikola bison a masumu tokosalaka na makanisi na biso maye makoutaka na mitu na biso. Mpo ete tosilaka kosikolama na masumu na biso tokosalaka na makanisi, tosengeli te kopesa epai na Nzambe moto na nyama lokola mbeka. Esika na moto na nyama, tosengeli kotumba makanisi na bison a moto na Molimo Mosantu, mpe tokosalaka boye na kolongolaka makanisi na bison a bosolo te mpe tokanisaka makambo na solo tango nioso.

Na tango tokanisi solo na tango nioso, tokokanisaka lisusu te makanisi na solo te to mpe na pamba. Lokola Molimo Mosantu Azali kotambwisa bato mpona kolongolaka makanisi na pamba, bapesa makanisi na mateya, mpe mpe bakoma yango kati na mitema na bango kati na mayangani, bakokoka kobonzela Nzambe mayangani na molimo eye Ye Andimaka.

Lisusu, mafuta, yango ezali mafuta minene na nyama, ezali môto na energie mpe bomoi yango mpenza. Yesu Akoma mbeka ata na esika na kotangisa makila ma Ye nioso mpe mai. Na tango tondimeli Yesu lokola Nkolo na biso, tokolinga lisusu te kobonza epai na Nzambe mafuta na ba nyama.

Ata bongo, "kondimela Nkolo" ekokisamaka kaka na kotatola na bibebu te ete, "Nandimi." Soki solo tokondimaka ete Nkolo Asikola bison a masumu, tosengeli kolongola masumu, tobongolama na Liloba na Nzambe, mpe tobika ba bomoi na mabonzama. Ata kati na ba tango na mayangani, tosengeli komema komipesa biso nioso- ba nzoto na biso, motema, mokano, mpe makasi na biso nioso- mpe tobonzela Nzambe mayangani na molimo. Moto oyo akomema enegie na ye nioso mpona kongumbamela akobomba kati na ye kaka Liloba na Nzambe te kati na moto na ye, kasi akokokisa yango kati na motema na ye. Kak na tango Liloba na Nzambe ekokisami kati na motó na moto nde ekoki kokoma bomoi, makasi, mpe mapamboli kati na molimo mpe na nzoto.

6) Nganga Nzambe Akosukola na Mai Misopo mpe Makolo, mpe Akobonza Nioso na Yango Kati na Moto likolo na Etumbelo

Na tango biteni misusu mibonzami lolenge mizali, Nzambe Apesi ndingisa ete misopo mpe makolo, biteni na mbindo na nyama, misokolama na mai mpe ibonzami. "Kosukola na mai" elakisi na bosukoli na bosoto na moto oyo azali kopesa mbeka. Bongo bosoto nini esengeli kosukolama? Na tango bato kati na Kondimana na Kala bazalaki kosukola babosoto na ba mbeka, bato kati na kondimana na Sika basengeli kosukola bosoto kati na motema.

Kati na Matai 15 ezali na esika wapi Bafalisai mpe bakomi na mibeko bapameli bayekoli na Yesu mpona kolia na maboko na bosoto. Epai na bango Yesu Ayanolaki ete "Yango ekoingela na monoko ezali oyo ekobebisa moto te kasi oyo ekobima na monoko, yango wana ekobebisa moto" (et. 11). Makasi na oyo ezali kokota na monoko na moto ekosilaka na tango na tango ebimisami na sima; kasi, oyo ekobimaka na monoko eutaka nan se na motema mpe mosala na yango ekoumelaka. Lokola ekobi Yesu kati na Biteni 10-20 ete, ","Nde oyo ekobima na monoko euti na motema; yango wana ekopesa moto mbindo. Pamba te uta na motema ekobima makanisi mabe, libomi koboma bato, ekobo, pite, moyibi, litatoli na lokuta,, kotuka, ezali yango ekopesa moto mbindo; Kasii kolia na maboko masokwami te, yango ekopesa moto mbindo te." Tosengeli kolongola masumu mpe mabe kati na motema na Liloba na Nzambe

Kolandisama na ebele Liloba na Nzambe ekoti kati na mitema na biso, mingi mpe na masumu mpe mabe ikolongolama mpe ekopetolama kati na biso. Ndakisa, soki moto akomisi bolingo bilei na ye mpe abiki na yango, koyina ekolongoolama. Soki moto akomisi kokitisama bilei na ye, ekozwa esika na lolendo. Soki moto akomisi solo bilei na ye, lokuta mpe kokosama ikolimwa. Kolandisama na ndenge moto akomisi solo bilei na ye mpe abiki na yango, mingi mpe na misisa na masumu kati na ye mpe ekolongolama. Na momesano, kondima na ye ekokola mpenza mpe ekokoma na etape na molai oyo ekomaka mpenza na mobali mobimba oyo efandi kati na mobimba na Christu. Na monene na kondima na ye, nguya mpe bokonzi na Nzambe ekolanda ye. Akozwa kaka bosenga na motema na ye te, kasi akozwa mpe mapamboli na makambo nioso kati na bomoi na ye.

Kaka sima na mitiopo mpe makolo esukolomaki mpe nioso na bango etiami likolo na moto ikopesa solo solo malasi malamu. Lewitiko 1:9 etalisi yango lokola "mbeka na moto, nsolo malasi malamu epai na YAWE." Na tango topesi epai na Nzambe mayangani na molimo kati na molimo mpe na solo kolandisama na Liloba na Ye etali mbeka na kotumba, mbeka wana ekozala mbeka na moto na oyo Nzambe Asepelaka na yango mpe oyo ekoki kokitisa mapamboli na Ye. Motema na bison a kongumbamela ekozala mbeka na malasi kitoko liboso na Nzambe mpe soki Asepeli, Akopesa na biso bofuluki kati na makambo nioso na bomoi.

5. Kopesa Mbeka na Mpate to ba Ntaba (Lewitiko 1:10-13)

Lolenge moko na kopesa mbeka na ngombe, Ezala mpate to mpe ntaba, mbeka esengeli kozala mobeli elenge na mbeba moko te. Na lolenge na molimo, kopesa mbeka ezanga mbeba elakisi kopesa masanjoli na motema epetolama etalisama na esengo mpe matondi. Nzambe Asengi ete nyama na mobeli apesama mbeka elakisi ete, "kongumbamela na motema ezwa ekateli oyo ezanga kotepatepa." Na tango mbeka ekoki kokesana kolandisama na makoki na misolo na moko na moko, lolenge na epeseli na moto oyo azali kopesa mbeka esengeli tango nioso kozala bulee mpe na kokoka na kotalaka te libonza.

1) Mbeka Esengeli Kokatama na Esika na Likolo na Etumbelo, mpe Nganga Nzambe Kotangisa Makila na Yango Zingazinga na Bisika Minei na Etumbelo

Lolenge moko na kopesa mbeka na ngombe, ntina na kotangisa makila na nyama zingazinga ba pembeni na etumbelo ezali mpona kozwa kolimbisama na masumu esalemaki bisika nioso- na ebimeli na tango, na ekoteli na tango, na likolo, mpe na ngele. Nzambe Andima ete kolongolama na masumu esalema na makila na nyama abonzami epai na Ye na esika na moto wana.

Mpo nini Nzambe Andima ete libonza ekatama na esika na likolo na etumbelo? "Nzela na likolo" to "likolo" na molimo elakisaka malili mpe molili; ezalaka liloba oyo Nzambe Asalemaka na momesano mpona kolobela eloko oyo Nzambe Azali kopesa etumbu to mpe kopamela mpe na oyo Ye Asepeli na yango te.

Kati na Yelemia 1:14-15 totangi ete,

"Longwa na epai na Likolo, mabe ekofungolama likolo na bafandi nioso na mokili. Pamba te, tala, Nakobianga mabota nioso, na makonzi uta na epai na likolo; YAWE Alobi bongo. Mpe bakoya mpe bakotia moko na moko efandelo na bango na eingelo na bikuke na Yelusalema mpe na epai na mapango nioso makozingaka yango mpe epai na mboka nioso na Yuda."

Kati na Yelemia 4:6 Nzambe Alobi na biso ete, ""Boluka epai na kobombama, bozonga nsima, Pamba te Nakoyeisa mabe longwa na epai na likolo, mpe likama monene." Lolenge emoni biso kati na Biblia, 'esika na likolo" elakisi fimbo mpe Pamela na Nzambe, mpe na lolenge eye, nyama eye etima masumu nioso na moto asengeli na kokatama "na esika na likolo," elembo na kolakelama mabe.

2) Mbeka Ekatami na Bitenibiteni na Motó na yango mpe mafuta Ibongisama likolo na Nkoni; Mitiopo mpe Makolo Misukolami na Mai; Nioso Oyo Ebonzami na Molinga na Etumbelo

Na lolenge moko lokola mbeka na kotumba na bangombe, mbeka na kotumba na mpate to mpe na ntaba ekoki mpe kopesama epai na Nzambe mpona kozwa kolimbisama na masumu esali biso na mitu na biso, maboko, mpe makolo. Kondimana na Kala ezali lokola elilingi mpe Kondimana na Sika ezali lokola nzoto na yango. Nzambe Alingi biso tozwa kolimbisama na masumu mpona misala kaka te, kasi na mitema na biso kokatama ngenga mpe kobikaka kolandisama na Liloba na Ye. Oyo ezali kobonza epai na Nzambe mayangani na Molimo na ba nzoto na biso nioso, mitema, mpe mokano., mpe tokomisa Liloba na Nzambe bilei na bison a lisungi na Molimo Mosantu mpona kolongola bosolo te mpe tobika kolandisama na solo.

6. Kobonza ba Nkanga to Bibenga (Lewitiko 1:14-17)

Bibenga bazali ba ndeke baleki kimia mpe mayele koleka ba ndeke nioso, mpe batosaka bato malamu. Mpo ete mosuni na bango ezalaki pete mpe na momesano bamemaka malamu ebele epai na bato, Nzambe Apesa ndikisa ete ban kanga to mpe bibenga bilenge mipesama mbeka. Kati na bibenga, Nzambe Alingaki bibenga bilenge mipesama mpo ete Alingaki kozwa mbeka petwa mpe na kosokema. Bizaleli oyo na bibenga bilenge etalisaka komikitisa mpe bosokemi na Yesu oyo Akomaka mbeka na komikaba.

1) Nganga Nzambe Amemi Mbeka Likolo na Etumbelo, Akokata Moto na Yango, Abendi Yango n a Mapapu na Yango Kasi Akati yango te; Nganga Akobonza Yango Molinga Likolo na Etumbelo, na Makila na Yango Elongolami Esika na Pembeni na Etumbelo

Mpo ete ban kanga mike bazalaka moke mingi na monene na yango, bakoki te kobomama mpe bakatama bitenibiteni, mpe kaka moke na makila na yango ekoki kosopwama. Mpona yango, kokesana na ba nyama misusu iye ekatamaka pembeni na etumbelo esika na likolo, moto na yango ekobikama na makila na yango kobimisama na esika yango; eteni oyo mpe elandelaka kotiama na loboko likolo na moto na yango. Na tango mbeka na kosopa makila esengeli kopesama zingazinga etumbelo,, milulu na kolongolama masumu ekosalema kaka na kotangisama na makila na yango pembeni na etumbelo mpona moke na makila eye nkanga azalaka na yango.

Lisusu, mpona nzoto na yango moke, soki nkanga asengelaki kokatama biteni biteni lolenge na yango ekoyebana lisusu te. Yango tina kaka kobuka lipapu nan kanga ekoki kasi kopikola yango na esika na yango na nzoto te, nde etalisamaka. Mpona ban deke, mapau ezali bomoi na bango. Mpona ndeke kobukama lipapu na ye elingi kotalisa ete moto amikitisi mobimba mpenza liboso na Nzambe mpe apesi ata bomoi na ye epai na Ye.

2) Biloko na Libumu mpe Masala na Mbeka Itiami Pembeni na Etumbelo na Esika na Mputulu

Liboso na kobongisa mbeka nan deke likolo na moto lokola libonza, mitiopo nan de elongo na masala na yango elongolami. Na tango mitiopo na ngombe, mpate, mpe ntaba mikolongolamaka te kasi ikotumbamaka sima na kosukola yango na mai, lokola ezali pasi na kosukola mitiopo mike nan deke, Nzambe Andimela yango ete elongolama. Likambo na kobwaka mitioipo elongo na masala, na kosokolama na bisika na mbindo na ba ngombe mpe na bam pate, elakisi kosukolama na mitema mbindo mpe bizaleli na kala kati na masumu mpe mabe na kongumbamela Nzambe kati na molimo mpe solo.

Mitiopo na ndeke elongo na masala na yango esengeli kobwakama pembeni na etumbelo na esika na ebimelo nan tango na esika na ba mputulu. Totango kati na Genese 2:8 ete "Nzambe Akonaki elanga na esika na ebimelo nan tango, kati na Edeni." Limbola na molimo na ebimelo nan tango" Ezali esika etondisami na pole. Ata na mokili esika wapi ezali biso kobika, ebimelo na ntango ezali esika moi ekobimaka mpe na tango moi ebimi, molili na na butu elongwe mpenza. Limbola nini ezali mpona kolongola mitiopo na bibenga na ma nsala na yango pembeni na etumbelo na ebimelo na ntango ?

Oyo elakisi koya na biso liboso na Nkolo, oyo Azali Pole, sima na kolongola bosoto na masumu mpe mabe na kopesaka mbeka na kotumba epai na Nzambe. Lolenge etangi biso kati na Baefese 5:13 ete, "Nde wana makambo nioso mamonisami na pole, makomonana polele mpenza; pamba te nioso mamonisami na pole," tolongoli bosoto na masumu mpe mabe eye emonaki biso mpe tokomi bana na Nzambe na koyaka liboso na Pole. Na bongo, kobwaka bosoto na mbeka na esika na ebimeli nan tango elakisi na molimo ete lolenge nini biso, ba oyo tozala kobika kati na bosoto na molimo-masumu mpe mabe, tolongoli mabe mpe tokomi bana na Nzambe.

Na nzela na mbeka na kotumba na bangombe, bampate, ba ntaba, mpe bandeke, tokoki sasaipi kososola bolingo mpe bosembo na Nzambe. Nzambe Asengaki mbeka na kotumba mpo ete Alingaki baton a Yisalele babika ngonga moko na moko kati na bomoi na bango kati na lisangana makasi elongo na Ye na kopesaka tango nioso epai na Ye mbeka na kotumba. Na tango bokanisi oyo, Nakolikia ete bokongumbamela na molimo mpe na solo, kasi tobatelaka kaka mokolo na Nkolo bulee te, kasi tobonza epai na Nzambe mbeka na masi kitoko na motema na bino mikolo nioso na 365 kati na mbula. Bongo Nzambe na Biso oyo Alaka na biso ete, "Omisepelisa na YAWE mpe Ye Akopesa yo mposa na motema nay o" (Nzembo 37:4), ekonokisela biso bofuluki mpe mapamboli na kokamwisa bisika nioso ekokende biso.

Chapitre 4

Mbeka na Bilei

"Wana elingi moto kokaba mbeka na bilei epai na YAWE, mbeka na ye ekozala nfufu etutami mokemoke. Ye akosopa mafuta likolo na yango mpe akotia mpaka malasi na likolo na yango."

Lewitiko 2:1

1. Limbola na Mbeka na Bilei

Lewitiko 2 elimboli mbeka na bilei mpe lolenge nini esengeli kobonza yango epai na Nzambe mpo eteekoka kozala mbeka na bomoi mpe bulee na oyo Ye Asepeli na yango.

Lolenge etangi biso kati na Lewitiko 2:1 ete, "Wana elingi moto kokaba mbeka na bilei epai na YAWE mbeka na ye ekozala mfufu etutami mokemoke." Mbeka na bilei ezali mbeka epesami epai na Nzambe na mfufu etutami mokemoke. Ezali mbeka na kopesa matondi epai na Nzambe oyo Apesa biso bomoi mpe Ye oyo Apesi na biso lipa na mokolo na mokolo. Na lolenge na lelo, elakisi libonza na kopesa matondi kati na mayangani na Eyenga eye Epesami epai na Nzambe mpo ete Abateli bison a poso elekaki.

Kati na ba mbeka mabonzami epai na Nzambe, kotangisa na makila na ba nyama lokola bangombe to bampate lokola mbeka na lisumu esengami. Yango ezali mpo ete kolimbisama na masumu na bison a nzela na kotangisa na makila na ba nyama ekondimisaka ete mabondeli mpe malombo na biso mandimami epai na Nzambe na bomoi. Kasi, mbeka na bilei esenge te ete makila matangisama na momesano mpe epesamaka nzela moko na mbeka na kotumba. Bato babonzaki na Nzambe ba mbuma na bango na liboso mpe biloko misusu na malamu kouta na ba bilei eye bango babukaki lokola bilei na kopesama mbeka mpo ete Nzambe Apesaki na bango mbuma na oyo bakokaki kolona, Apesi bango bilei mpe Abateli bango kino tango na kobuka ekokaki.

Mfufu ezalaki kopesama na momesano lokola mbeka na bilei. Mfufu etutama mokemoke, mapa masalami litumbu na moto, mpe kaka ba mbuma malamu na masango mabukami, mpe mabonza na lolenge nioso mazalaki kotiama mafuta mpe mungwa, mpe paka malasi ebakisamaki. Nde ndambo na mbeka ebonzamaki na molinga mpona kosepelisa Nzambe na solo malasi kitiko.

Totangi kati na Esode 40:29 ete, "Ye atiaki etumbelo na mbeka na kotumba epai na ekuke na mongombo na hema na koyangana mpe ye atumbaki mbeka na kotumba mpe mbeka na bilei na likolo na yango, lokola elakelaki YAWE Mose." Nzambe Alakelaki ete na tango mbeka na kotumba epesamaka, mbeka na bilei mpe esengelaki na ngonga moko. Na bongo, tokopesaka epai na Nzmabe mbeka na komikama kati na mayangani kaka na tango topesi epai na Ye mabonza na kopesaka matondi kati na Mayangani na Mokolo na Eyenga.

Mama na likambo kati na "mbeka na bilei" ezali "mbeka" mpe "libonza." Nzambe Alingi biso te ete biso toyaka kati na mayangani na lolenge na lolenge maboko pamba kasi totalisi solo kati na misala motema na kopesa matondi na kopesaka epai na Ye mabonza na kopesa matondi. Mpona yango Alobi na biso kati na 1 Batesaloniki 5:18 ete, "Botondaka kati na makambo nioso, mpo ete oyo ezali mokano na Nzambe mpona bino kati na Yesu Christu," mpe kati na Matai 6:21 ete, "Pamba te na esika ezali biloko nay o na motuya motema na yo ekozala wana lokola."

Mpo nini esengeli na biso kopesa matondi kati na makambo nioso mpe tobonza epai na Nzambe mbeka na bilei? Yambo, bato nioso bazalaki na nzela na kobebisama likolo na kozanga botosi na Adama, kasi Nzambe Apesaka biso Yesu lokola mbeka na kolongola masumu na biso. Yesu Asikola bison a masumu mpe na nzela na Ye tozwa bomoi na seko. Mpo été Nzambe, Ye oyo Akela nioso kati na likolo mpe moto, Azali sik'awa Tatat na biso, tokoki kosepela bokonzi na bana na Nzambe. Apesa na biso makoki na kozwa Lola na seko bongo lolenge nini ekoki kozala na nzela mosusu mpona biso kopesa matondi epai na Ye ?

Nzambe Apesa mpe na biso moi mpe Akokonzaka likolo na mbula, mipepe, mpe na ba tango nioso mpona biso mpo été tokoka kobuka ebele na nzela na wana nde tozwi bilei na mokolo na mokolo. Tosengeli kopesa na Ye matondi. Lisusu, ezali Nzambe nde Azali kobatela moko na moko kati na biso na mokili oyo esika wapi bozangi sembo, ba bokono, mpe makama maluta. Azali koyanola mabondeli na biso eye topesi kati na kondima mpe Azali tango nioso kopambola biso mpona kotambwisa bomoi kati na elonga. Bongo lisusu, lolenge nini te topesa epai na Ye matondi!

2. Mabonza kati na Ba Mbeka na Bilei

Kati na Lewitiko 2:1 Nzambe Alobi ete, "Wana elingi moto kokaba mbeka na bilei epai na YAWE, mbeka na ye ekozala mfufu etutami mokemoke. Ye akosopa mafuta na likolo na yango mpe akotia mpaka na malasi na likolo na yango." Bilei mipesami epai na Nzambe lokola mbeka na bilei misengeli kozala masango itutami mokemoke. Bosenga na Nzambe ete bilei mibonzami izala "etutami mokemoke" etalisi lolenge na motema nini tosengeli kopesa Ye mbeka. Mpona kosala farine malamu na masangu, esengeli na yango ete elekela misala na ndenge na ndenge ata, kopalola, koyungula, kokomisa fufu. Moko na moko na misala oyo misengelaka na makasi mingi mpe kolandela yango. Langi na bilei misalami na nfufu motutami mokemoke elingamaka na kotala na miso mpe ezalaka kitoko koleka.

Limbola na molimo na sima na Nzambe kosenga ete mbeka na bilei ezala na nfufu etutami mokemoke" elakisi ete Nzambe Akondima makabo mabongisama na kolandela eleka mpe na sai. Akondima yango na esengo na tango totalisi misala na motema na kopesa matondi, kaka ten a tango tozali kopesa matondi na bibebu na biso. Na bongo, na tango ezali biso kopesa moko na zomi to ba mbeka na kotonda, tosengeli koyeba ete tosengeli kopesa yango na motema na biso mobimba mpo ete Nzambe Akoka kondima yango na esengo.

Nzambe Azali motambwisi na makambo nioso mpe Apesa motindo na moto ete apesa epai na Ye mabonza, kasi ezali te mpo ete Ye Azangi eloko. Azali na nguya na komatisa nkita na moto moko na moko mpe kolongola mpe biloko na moto nioso. Ntina eye Nzambe Alingi kozwa mabonza na biso ezali mpo ete Akoka kopambola biso ata mingi lisusu na koleka mpe na ebele na nzela na mabonza ezali biso kopesa epai na Ye kati na kondima mpe kati na bolingo.

Lolenge tomoni kati na 2 Bakolinti 9:6, "Ezali bongo ete ye oyo akokona moke akobuka moke, ye oyo akokona ebele akobuka ebele," kobuka kolandisama na oyo moto akonaki ezali mobeko kati na mokili na molimo. Mpo ete Akoka kopambola biso lisusu mingi na koleka, Nzambe Azali kotangisa biso topesa Ye mabonza na kotonda.

Na tango tondimeli eloko oyo mpe bongo topesi mabonza, tosengeli solo kopesa na motema na biso nioso, Kka na lolenge tokopesa na Nzambe ba mbeka na nfufu motutami mokemoke, nde tosengeli kopesa epai na Ye mabonza maleki na motuya maye mazali na mbeba te mpe epetolama.

"Nfufu motutami mokemoke" elakisi mpe bomoi mpe ezaleli na Yesu, nioso mibele mpe ezali mpenza na kokokisama. Ezali mpe kolakisa na biso ete kaka lolenge ezali biso kopesa kolandela na biso eleka na tango ezali biso kosala nfufu motutami mokemoke, tosengeli kobika bomoi na kotoka mpe kati na kotosa.

Na tango ezali biso kopesa mbeka na bilei na nfufu motutami na masangu, sima na kosangisa yango na mafuta mpe kosala yango mokate kati na litumbu to mpe kolalisa yango lokola mobetami to na motalaka, to mpe kati na kikalungu mpona mokate, nde bato bakobonza yango molinga likolo na etumbelo. Lolenge na mbeka na bilei mopesama na ba lolenge mingi elakisi ete lolenge bato bakozwaka misolo na bango mpe lolenge na bango na kopesaka matondi nioso ikesana mpenza.

Na maloba misusu, likolo na ba ntina eye ezali biso tango nioso kopesa matondi na mikolo na Eyenga, tokoki kopesa matondi mpona kozwa mapamboli to biyano na ba mposa na motema na biso; kolonga masengenya to mpe mimekano kati na kondima; mpe bongo. Kasi, kaka lokola Nzambe Apesi na biso ndingisa ete "na nioso bopesaka matondi," tosengeli koluka ba ntina na kondimaka yango mpe kopesaka matondi. Kaka wana nde Nzambe Akondima malasi na mbeka na mitema na biso mpe Asala ete ba ntina na kopesa matondi matondisama kati na ba bomoi na biso.

3. Kopesaka ba Mbeka na Bilei

1) Mbeka na Bilei na Nfufu Motutami Mokemoke na Mafuta mpe Paka Malasi likolo na Yango

Kotangisa mafuta kati na nfufu ekopesa nzela ete ekoma etutama mpe epesa mapa kitoko mingi, na tango mpala malasi etami likolo na lipa ekongengisa mbeka nioso na talo mpe na komonana. Na tango oyo ememami epai nan ganga Nzambe, akokamata mua ndambo na loboko na ye na nfufu eye motutami mokemoke mpe na mafuta na yango na mpaka malasi nioso, mpe atumba yango mbeka likolo na etumbelo. Tango oyo nde malasi solo kitoko ekolumbama.

Limbola nini kosopa malasi likolo na nfufu ezali na yango? "Mafuta" awa ekokisami na mafuta na ba nyama to mpe huile de resin eye ezwamaka na ba nzete. Kosangisama na nfufu motutami moke moke na mafuta elakisi ete tosengeli eteni nioso mpe mpe moke nioso na makasi na bio- bomoi na biso nioso- na tango na kopesa mabonza epai na Nzambe. Na tango tozali kongumbamela Nzambe to mpe tozali kobonzela Ye, Nzambe Azali kopesa na biso bososoli mpe kotondisama na Molimo Mosantu mpe Akondimela biso ete tobika bomi wapi tozali na mozindo na lisanga elongo na Ye. Kotangisa mafuta elakisi ete na tango tokopesaka eloko soko nini epai na Nzambe, tosengeli kopesa yango na motema na biso nioso.

Nini yango elakisi kosopa mpaka malasi likolo na mbeka? Totangi kati na Baloma 5:7 ete, "Moto akondima kokufa mpona moyengebene solo te. Kasi soko moto azali malamu mingi, mosusu akoki kozala na molende mpona kokufela ye." Ata bongo, kolandisama na mokano na Nzambe Yesu Akufelaki biso, bis oba oyo tozali soko bayengebene soko mpe malamu kasi basumuki. Sasaipi boni boni solo malasi mbeka na bolingo na Yesu ezalaki epai na Nzambe ? Oyo ezali lolenge kani Yesu Abukaki nguya na kufa, Asekaki, mpe Afandaki na loboko na mobali na Nzambe Tata, Akomaki Mokonzi na bakonzi, mpe Akomaki solo solo malasi na solo kitoko ezanga talo liboso na Nzambe.

Baefese 5 :2 esengi na biso été, 'Botambolaka mpe na bolingo pelamoko Christu Alingaki bino mpe Amikabi Ye mpenza mpo na bino lokola mbeka na kotumba mpe moboma na nsolo malamu epai na Nzambe."

"Kotia pakkamalasi likolo na nfufu" elakisi ete kaka lolenge Yesu Apesaki nkembo na Nzambe na moboma na solo malamu na nzela na ezaleli mpe misala ma Ye, tosengeli kobika kati na Liloba na Nzambe na motema na biso nioso mpe totombola Ye na kotalisaka solo malasi na Christu. Kaka na tango tokopesa epai na Nzambe mabonza na matondi na tango tozali kobimisa solo malasi na Christu na mabonza na biso kokoma mbeka na bilei esengeli na kondimama na Nzambe.

2) Mfulu to Mafuta na Nzoi Ikobakisama te

Lewitiko 2:11 etangi ete, "Mbeka moko na bilei te, oyo ekokaba yon a YAWE, ekosalama na mfulu te mpe mafuta na nzoi te lokola mbeka na moto epai na YAWE." Nzambe Apesaki ndingisa ete mfulu moko te ebakisama na lipa ebonzami epai na Nzambe mpo ete kaka lolenge mfulu ekomisaka pate esalemi na nfufu, na molimo "mfulu" ekobebisa ekobongola mpe kobebisa mbeka.

Nzambe Oyo Ambongwanaka te mpe na Akoka Alingi ba mabonza na biso etikala ezanga kanyaka mpe epesami epai na Ye lokola nfufu motutami mokemoke yango mpenza-longwa nan se na motema na biso. Na bongo, na tango tozali kopesa mabonza tosengeli kopesa na motema oyo ebongwanaka te, epetolama, mpe petwa, mpe kati na kotonda, na bolingo, mpe kondima epai na Nzambe.

Na tango na kopesa mabonza, bato misusu bakanisaka na lolenge nini bamonani epai na bato misusu mpe bakopesaka kaka mpona momesano.

Basusu bakopesaka na motema etondisama na komilelaka mpe na kotungisama. Kasi, lolenge Yesu Akebisaki mpona mfulu na Bafalisai yango ezali bilongi mibale, soki tokopesaka na komitalisa lokola bulee kaka na libanda mpe tokolukaka kondimama na basusu, motema na biso ekozala lokola mbeka na bilei eye ebebisami na mfulu mpe ezali na eloko moko te elongo na Nzambe.

Na boye, tosengeli kopesa na mfulu moko te mpe longwa na mozindo na motema na biso kati na bolingo mpe matondi epai na Nzambe. Tosengeli te kopesa na kotindikama to mpe kati na komilela mpe mitungisi na kozanga kondima. Tosengeli kopesa mingi na kondima na ngwi kati na Nzambe oyo Akondima mabonza na biso mpe Akopambola biso kati na molimo mpe na nzoto'

Mpona kolakisa biso limbola na molimo, Nzambe Apesa ndingisa ete mbeka moko te epesama na mfulu.

Kasi, ezalaka na ba tango, na tango Nzambe Andimelaka biso topesa epai na Ye mbeka esalema na mfulu. Mabonza mana makotiama na moto te kasi nganga Nzambe akozonga sima mpe akokende liboso na etumbelo mpona kotalisa kopesama na mbeka epai na Nzambe, mpe akozongisela yango epai na bato mpona bango bakabola mpe balia yango. Yango ebengami "mbeka na koningana" na yango, kokesana na mbeka na bilei, endimamaki ete babakisa mfulu kati na yango na tango kosalema na yango embongwanaki.

Ndakisa bato kati na kondima bakoya kati na mayangani kka na mikolo na Eyenga te kasi mayangani nioso mpe lokola. Na tango bato oyo na kondima elemba bayangani na Eyenga kasi oyo na Butu Mobimba na Mokolo na Mitano te, to mpe na Mokolo na Misato na Mpokwa te, Nzambe Akotala Bizaleli na bango lokola kosumuka te. Na makambo maye matali Bitape, na tango Mayangani na Eyenga elandaka molongo makasi mpe minene, mayangani elengo na bandimi na ba cellule to mpe na ndaku na bandimi na lingomba, ata soki bango mpe bakolandelaka molongo na momesano, eye ezali na mateya, kobondela, mpe na masanjoli, molongo ekoki kokobongolama kolandisama na bisika. Na tango Nzambe Atelemeli makasi moboko kati na mayangani, kasi kondimela bisika mpona kolembisa moke kolandisama na likambo na moto na moto to mpe na etape na ye kati na kondima ezali limbola na molimo na kopesaka mabonza esalema na mfulu.

Mpo nini Nzambe Apekisaki kobakisama na mafuta nzoi?

Kaka lolenge mfulu, mafuta nzoi mpe ekoki kobebisa lolenge na mfufu motutami moke moke. Mafuta nzoi awa elakisi mai sukali mingi eye ezalaka kowuta na ba mbuma na ba date kati na Palestina, mpe yango ekoki kokangama mpe kopesa na bopete. Mpona ntina oyo Nzambe Apekisa ete kanyaka ekota kati na bosolo efanda kati na mfufu motutami mokemoke na kobakisama na mafuta nzoi. Azali mpe koloba na biso ete, na tango bana na Nzambe bazali kosanjola to mpe bakopesaka epai na Ye mabonza, tosengeli kosalaka bongo na motema ekokisama eye ekombongwanaka soko te koyokisa nsoni.

Bato bakoki kokanisa ete kobakisa mafuta nzoi ekosala ete mbeka ezala kitoko na koleka. Ata soki eloko emonani kitoko na lolenge nini na miso na moto, Nzambe Asepelaka koyamba yango na oyo Ye Asengaki biso mpe oyo moto kati na motema akangaki kopesa epai naYe. Bato misusu kati na ndai bakangaka kopesa eloko epai na Nzambe kasi na tango makambo mambongwani, bakobongola mpe makanisi na bango moko mpe bakopesa eloko mosusu. Ata bongo, Nzambe Ayinaka yango na tango bato babongoli makanisi na bango mpona eloko oyo Nzambe Apesa mobeko to mpe na tango bazwaka ekateli na kosala mpe sima bagongoli mitema mpona bolamu na bango moko na tango misala na Molimo Mosantu italisami. Na bongo, soki moto azwi ekateli na kobonza nyama, asengeli solo kobonza yango epai na Nzambe lolenge ekomama kati na Lewitiko 27:9-10, yango etangi ete, "Soko ezali nyama na lolenge ekokabaka bato lokola mbeka epai na YAWE, yango oyo moto akopesa epai na YAWE ezali bulee. Akotia eloko mosusu na esika na yango te akosenja yango te. To malamu mpona mabe, to mpe mabe mpona malamu ; mpe soki ye abongoli yango nyama moko mpona nyama mosusu, mbe yango mpe oyo asenji yango ikozala bule yango nioso mibale."

Nzambe Alingi biso topesa epai na Ye na motema petwa kaka na tango na kopesa mabonza te, kasi kati na nioso. Soki ezali na mbongwana to mpe kokosa kati na motema na moto, ezaleli ekoki te kondimaa epai na Nzambe yango ekotiama na molongo na makambo malimbolami.

Ndakisa, Mokonzi Saulo atalaki mpamba mibeko na Nzambe, mpe abongolaki yango na oyo elingaki ye. Na bongo ye atosaki Nzambe te. Nzambe Asengaki na Saulo ete abebisa mokonzi na Amaleke, bato nioso, elongo na ba nyama nioso. Kasi sima na kolonga etumba mpona nguya na Nzambe, Saulo alandaki ndingisa na Nzambe te. Ye atikaki mpe ayaki na Agaga mokonzi na Amaleke mpe ba nyama nioso kitoko na koleka. Ata sima na ye kopamelama,

Saulo atubelaki te kasi atikalaki kati na kozanga botosi, mpe na suka abwakamaki na Nzambe. Mituya 23:19 elobi na biso ete, "Nzambe Azali moto te ete Akata lokuta, mpe mwana na moto te ete Abongola motema." Mpona biso kosepela kati na Nzambe, motema na biso esengeli naino kobongolama na motema epetolama. Ata eloko emonani kitoko na lolenge nini epai na moto mpe na lolenge na ye na kokanisa, asengeli soko te kosala oyo Nzambe Apekisi mpe oyo esengeli soko te kombongwana ata sima na koleka na tango. Na tango moto atosi mokano na Nzambe na motema mopetolama mpe na mbongwana na motema te, Nzambe Asepelakka mingi. Andimaka libonza na ye mpe Akambolaka ye.

Lewitiko 2:12 etangi ete, "Okoki koya na yango epai na YAWE lokola mbeka na mbuma na liboso, nde ekokabama likolo na etumbelo mpona solo malamu te." Mbeka esengeli kozala na solo malamu eye Nzambe Akondima na esengo. Awa, Nzambe Azali koloba na biso ete bilei kati na mbeka esengeli te kolalisama likolo na etumbelo mpona likambo kaka moko na kobonza yango na mbeka mpe komema yango nakobimisa solo paka malasi malamu. Ntina na kobonza na biso bilei ezali kaka na mosala te, kasi na kobonza epai na Nzambe mpaka malasi na motema na biso.

Kolandisama te na ebele na biloko malamu ebonzami, soki ebonzami te na lolenge na motema na oyo Nzambe Akosepela na yango, ekoki kozala mbeka na solo paka malasi malamu epai na moto kasi epai na Nzambe te. Yango ekokani na lolenge nini mabonza na bana mpona baboti na bango epesami na motema na etondisami na matondi mpe na bolingo mpona ngolu na kobota bango mpe na kokolisa bango kati na bolingo, kasi mpona momesano te, ekozala moto na esengo na solo mpona baboti na bango.

Na lolenge moko, Nzambe Alingi biso te tobonzaka na

momesano na komilongisaka kolobaka ete. "Nasali oyo esengelaki na ngai kosala," kasi tobimisa solo na paka malasi na motema na biso etondisama na kondima, elikia, mpe bolingo.

3) Kotia Mungwa Kati na Yango

Totangaka kati na Lewitiko 2:13 ete, "Okotia mongwa na bilei na mbeka nay o nioso, Okotika mongwa na kondimana na Nzambe na yo kozanga na mbeka na bilei nay o te. Okokaba mongwa na mbeka nay o nioso elongo." Mongwa kotiama kati mpe ekopekisaka bilei na kobebisama mpe epesaka bilei gout kitoko na kotiama na yango.

"Kotia mongwa na bilei" elakisi na molimo ete "komema kimia." Kaka lolenge mungwa esengeli na kokota kati na bilei mpona kobongisa yango, kosala mosala na mungwa na oyo tokoki komema kimia eye esengami mpona kufa na moko. Na bongo, Nzambe Asengi ete mbeka na bilei etiama mungwa elakisi ete tosengeli kopesa mbeka epai na Nzambe na komikabaka biso mpenza mpona komema kimia.

Na suka oyo, tosengeli naino kondimela Yesu Christu mpe tozala na kimia elongo na Nzambe na kobundaka kino na esika na kotangisa makila mpona kolongola masumu, mabe, mpe bo ngai na kala.

Toloba ete moto akosalaka masumu na nko, eloko oyo Nzambe Amonaka mabe mpe kobonza epai na Nzambe mbeka na tango atubeli masumu na ye te. Nzambe Akoki te kondima mbeka na esengo te mpo ete kimia kati na moto yango mpe Nzambe asilaki kobukana. Yango ntina Nzembo ekomi ete, "Soko nakanisi bokesene kati na motema na ngai, mbe Nkolo Ayokamelaki ngai te." (Nzembo 66:18). Nzambe Akondima kaka libondeli na biso te kasi mpe mabonza na biso kaka sima na biso kolongwa na masumu, tosali kimi a na Ye, mpe topesi Ye mabonza.

Kosala kimia na Nzambe esengi ete moto na moto asala mbeka

na koboma bo ngai kati na ye moko. Kaka lolenge ntoma Paulo atatolaki ete, "Nazali kokufa mokolo na mokolo," kaka na tango moto azali komiboya mpenza mpe asala mbeka na koboma bo ngai nde akoka kokokisa kimia na Nzambe.

Tosengeli mpe kozala na kimia elongo na bandeko na biso babali mpe na basi kati na kondima. Yesu Alobeli biso kati na Matai 5:23-24 ete, "Soko okoyeisa likabo nay o na etumbelo, mpe okokanisa wana ete ndeko nay o azali nay o likambo, tika likabo nay o kuna likolo na etumbelo mpe kenda naino ete obongisa likambo na ndeko nay o." Nzambe Akondima mabonza na bison a esengo te soki tozali kosala masumu, tozali kosala kati na mabe mpe tokotungisaka ba ndeko na biso babali mpe ba basi kati na Christu.

Ata soki ndeko asalelaki biso mabe, tosengeli te koyina to koyimayima mpona ye, kasi tosengeli na kolimbisa mpe tozala na ye na kimia. Kolandelaka ntina te, tokoki te kozala na koyokana te mpe na koswana na, bandeko na biso babali to mpe basi kati na Christu to koyina mpona kobetisa bango mabaku. Kaka sima na biso kozala na kimia na bato nioso mpe mitema na biso mitondisami na Molimo Mosantu, esengo, mpe kotonda, nde mabonza na biso ekoka kotiama mungwa.'

Lisusu, na etingia na Nzambe na "Kotia yango mongwa" ezali na moboko na ntina na kondimana, lolenge emoni biso kati na yango ete, "Okotia Mongwa na kondimana na Nzambe na yo." Mungwa ezwamaka kati na mai na monana mpe mai elakisaka Liloba na Nzambe. Kaka lolenge mungwa epesaka tango nioso gout na mungwa, Liloba na Nzambe na kondimana embongwanaka soko te mpe lokola.

"Kotia Mongwa" na mabonza ezali biso kopesa elakisi ete tosengeli kondimela kati na kondimana embongwanaka ten a Nzambe sembo mpe topesa na motema mobimba. Na kopesaka mabonza na kotonda, tosengeli kondima ete Nzambe Akozongisela biso solo efinana, eningisama, mpe ezali kosopana, mpe

Akopambola biso mbala 30, 60, mpe 100 na oyo epesaki biso.

Bato misusu balobaka ete, "Nazali te kopesa mpona kozela mapamboli, kaka kaka bongo. » Kasi, Nzambe Asepelaka mingi koleka na kondima na moto oyo oyo azali koluka mapamboli ma Ye kati na komikitisa. Baebele 11 elobeli biso ete na tango Mose abwakisaki ebonga na mwana mokonzi na Ejipito, azalaki koluka libonza" eye Nzambe Alingaki kopesa na ye. Yesu na biso, oyo azalaki mpe kotala na libonza, Atalaki mpe te kotiolama na ekulusu. Na kotalaka mbuma monene-nkembo eye Nzambe Alingaki kopesa epai na Ye mpe lobiko na milimo- Yesu Akokaki na pete kondima etumbu monene na ekulusu.

Ya solo, oyo azali kotala na libonza" akesene mpenza na ye oyo azali na motema na koluka bolamu na ye moko eye ekolukak kozwa eloko mpo ete asi asilaki kopesa eleko. Ata soki ezali na lifuti te, moto kati na bolingo na ye mpona Nzambe akoki kobongama mpona kopesa mbeka ata na bomoi na ye. Kasi, kososola motema na Tata na biso Nzambe oyo Alingi kopesa na ye mapamboli mpe kondimela nguya na Nzambe, na tango moto azali koluka mapamboli, mosala na ye ekosepelisa Nzambe mingi na koleka. Nzambe Alaka ete moto akobuka oyo elonaki ye, mpe Ye Akopesa na ba oyo bazali koluka. Nzambe Asepelaka na kopesa na biso mabonza euta na kondimanna biso kati na Liloba na Ye, lolenge moko na kondima na bison a oyo tozali kosenga mapamboli ma Ye kolandisama na elaka na Ye.

3) Oyo Etkalaki na Mbeka na Bilei Ezalaki Mpona Alona mpe Ban aba Ye

Na tango mbeka na kotumba ibonzamaki na mobimba na yango likolo na etumbelo na molinga na yango, mbeka na bilei ememanaki epai nan ganga Nzambe mpe kaka ndambo na yango nde ebonzamaki na Nzambe na molinga likolo na etumbelo. Yango elakisi ete na tango tolingi kopesa epai na Nzambe na mobimba mayanganii na ndenge na ndenge, mabonza na kotonda- mabonza na bilei- makopesama epai na Nzambe mpona kosalelama mpona bokonzi na Nzambe mpe bosembo na yango, mpe ba ndambo na yango ekosalelama epai na nganga Nzambe, ba oyo lelo bazali basali na Nkolo mpe basali kati na lingomba. Lolenge Bagalatia 6:6 elobi na biso ete, "Tika ete oyo alakisami Liloba akabola biloko nioso malamu na oyo akolakisaka ye," na tango bandimi na lingomba oyo bazwi ngolu na Nzambe bakopesa mabonza na kotonda, basali na Nzambe oyo bazali kolakisa Liloba bakokabola mabonza na kotonda.

Ba mbeka na ikopesamaka epai na Nzambe elongo na mbeka na kotumba, mpe ekotalisaka lolenge na bomoi na kosalela eye Yesu Ye moko Abikaka. Na bongo, tosengeli kati na kondima kopesa mabonza na motema na biso nioso mpe na koleka. Nakolikia ete motangi moko na moko akongumbamela na lolenge eye esengela kolandisama na mokano na Nzambe mpe bazwa ebele na mapomboli na mokolo nioso na kopesaka epai na Nzambe mbeka na pimbo kitoko eye Asepelaka na yango.

Chapitre 5

Mbeka na Kimia

"Soko mbeka na moto ezali mbeka na kimia, soko ye akabi oyo euti na bangombe, soko mobali soko mwasi, akokaba oyo na libebi te liboso na YAWE."

Lewitiko 3:1

1. Ntina na Mbeka na Kimia

Oyo ekomami kati na Lewitiko 3 ezali makambo matali mbeka na kimia. Mbeka na kimia etali kokatama na nyama eye ezanga mbeba, kotangisa makila na yango zinga zinga na bipai nios na etumbelo, mpe kobonza mafuta na yango na molinga likolo na etumbelo epai na Nzambe lokola pimbo kitoko. Na tango makambo na mbeka na kimia makokani na ba oyo na ba mbeka na kotumba, ezali namua na kokesana. Bato misusu basosolaka malamu te ntina na mbeka na kimia mpe bakokaniselaka yango lokola nzela na kozwa bolimbisami na masumu; likambo na liboso mpona mbeka na koyoka mabe mpe mbeka na masumu ezali mpona kolimbisama na masumu.

Mbeka na kimia ezali mbeka oyo esengela mpona kokokisa kimia kati na Nzambe mpe biso, mpe elongo na baton a Ye kotalisa matondi na bango, bakata ndai epai na Nzambe, mpe bapesa na lolenge na bango moko epai na Nzambe. Ebonzamaki na kokabwana epai na bato oyo balimbisamaki na masumu na bango na nzela na ba mbeka na masumu mpe ba mbeka na kotumba mpe sasaipi bazali na lisangana elongo na Nzambe, ntina na mbeka na kimia ezali komema kimia na Nzambe mpo ete bakoka na motema mobimba kotia elikia epai na Nzambe kati na makambo nioso na ba bomoi na bango.

Na tango mbeka na bilei eye etalisami kati na Lewitiko 2 etalisami mbeka na kotonda, ezali mbeka na kotonda endimamma na bato nioso mpona kotonda epesami na motema na matondi epai na Nzambe oyo, Abikisi, Abateli, mpe Apesi na biso bilei na mokolo na mokolo mpe ekeseni na mbeka na kimia mpe matondi etalisami kati na yango. Lisusu na matondi na kotonda oyo topesaka na Biyenga, topesaka ba mbeka mikabwana na kopesa matondi na tango ezali na ba ntina misusu mpona kopesa matondi. Esangisama kati na mbeka na kimia ezali na ba mbeka na epesami na Nzambe na moto ye moko mpona kosepelisa Nzambe, mpona kotia pembeni mpe mpo ete Nzambe Apekisa bongai kati na moto mpo ete akoka kobika kati na Liloba na Nzambe, mpe kozwa epai na Ye bosenga na na motema na moto.

Na tango ba mbeka ebombaka ebele na ba ntina, oyo eleki makasi kati na yango ezali kozala na kimia na Nzambe. Na tango tozali na kimia na Nzambe, Akopesa na biso makasi na oyo tokoki kobika kati na solo, Ayanolaka bosenga na motema na biso, mpe Apesa na biso ngolu na oyo tokoka kokokisa ndai nioso tosalaki epai na Ye.

Lokola 1 Yoane 3:21-22 elobi na biso ete, "Balingami soko mitema na biso mikokweisaka biso te, tozali na molende liboso na Nzambe mpe soko tokolomba eloko nini, tokozwa yango epai na Ye mpo ete tokokokisa malako na Ye mpe tokosalaka makambo mazali malamu na miso na Ye," na tango tozwi molende liboso na Nzambe mpo ete tobikaki kolandisama na solo, tokozala na kimia na Ye mpe tokomona misala ma Ye kati na nioso ekosenga biso Ye. Soki tokosepelisa Ye ata na mosika na mabonza na talo, bokoki kokanisa boni nokinoki Nzambe Akoyanola mpe Akopambola biso?

Na bongo, ezali kaka bongo ete biso tososola ntina na mbeka na bilei mpe mbeka na kimia mpe tososola ba mbeka mpona mbeka na bilei na ba mbeka na mbeka na kimia, mpo ete Nzambe Akondima na esengo ba mbeka na biso.

2. Ba mbeka kati na Mbeka na Kimia

Nzambe Alobeli biso kati na Lewitiko 3:11 ete, "'Soko mbeka na moto ezali mbeka na kimia, soko ye akabi oyo euti na bangombe, soko mobali soko mwasi, akokaba oyo na libebi te liboso na YAWE." Ezala soki mbeka na kimia ezali mpate to ntaba mpe soko mwobali soko mawasi, esengeli te kozala na mbeba (Lewitiko 3:6, 12).

Mbeka kati na mbeka na kotumba esengeli kozala ngombe mobali to mpate azanga mbeba. Tango ezali mpo ete mbeka ekoka mpona mbeka na kotumba- mpona mayangani na molimo- elakisi ete Yesu Christu, Mwana na Nzambe Azanga mbeba.

Kasi, lokola ekopesa biso epai na Nzambe mbeka na kimia mpona kozala kati na kimia na Ye, ezali na ntina moko ten a kokabola mobali mpe mwasi soki mbeka ezali na mbeba moko te kati na yango. Yango elakisi ete ezali na bokeseni te kati na kopesa mbeka na kimia euti kati na Baloma 5:1: ete, "Na bongo esili biso kolonga na nzela na kondima, tozali na kimia liboso na Nzambe mpo na Nkolo na biso Yesu Christu." Kati na kokokisa kimia na Nzambe kati na mosala na "makila na Yesu na Ekulusu, ezali na bokeseni moko te kati na mobali mpe mwasi.

Na tango Nzambe Apesi ndingisa ete mbeka "ekozala na mbeba te," Azali ba bosenga na biso ete tobonza epai na Ye na molimo mozoka te kasi na motema na mwana kitoko. Tosengeli soko kopesa na koyima to na tango ezali biso koluka kondimama na bato misusu, kasi na motema moko mpe kati na kondima. Ezali kaka malamu mpona biso kopesa mbeka ezali na mbeba te na tango ezali biso kopesa mbeka na matondi mpona ngolu na Nzambe mpona lobiko. Libonza epesami na Nzame mpo ete tokoka kotiela ye motema kati na makambo nioso matali bomoi na biso, mpo ete Akoka kozala na biso elongo mpe Abatela bison a tango nioso, mpe mpo ete tokoka kobika kolandisama na mokano na Ye, esengeli bongo kozala na motuya koleka ekoki biso kopesa mpe ekopesama na ekenge na bison a koleka mpe na motema na biso nioso.

Na tango topimi mabonza kati na mbeka na kotumba mpe ba mbeka na kimia, ezalaka na likambo na motuya na nini esengeki na biso kososola: mabenga malongolami na oyo na suka. Mpo nini bongo? Ata mobola nini moto akoki kozala, mbeka na kotumba esengeli kobonzama epai na bato nioso mpe yango ntina Nzambe Andima mbeka na bandeke eye ezali mpenza na motuya moke koleka.

Ndakisa, na tango moto na sika kati na bomoi na Christu azali na kondima elemba, kondima moke mpe akoyangana kaka na mayangani na Eyenga, Nzambe Atali yango lokola ye kopesa mbeka na kotumba. Na tango mbeka mobimba na kotumba ebonzami epai na Nzambe na tango bandimi babiki mobimba kati na Liloba na Nzambe, babateli lisangana na mbala moko mpe namozindo na Nzambe, mpe bangumbameli na molimo mpe kati na solo, mpona oyo etali mondimeli sika oyo azali kaka kobatela mokolo na Nkolo bulee, Nzambe Akotala yango lokola mbeka na bibenga na motuya moke lokola mbeka na kotumba mpe Akomema ye na nzela na lobiko.

Kasi, mbeka na kimia ezalaka te mbeka esengama kasi yango epesamaka kolandisama na motema na moto ye moko. Epesamaka epai na Nzambe mpona moto kozwa biyano mpe mapamboli na kosepelisaka Nzambe. Soki libenga na motuya moke esengelaki kopesama, ekobungisa ntina na yango mpe motuya lokola mbeka na lolenge oyo, nde yango ntina mabenga balongolama.

Toloba ete moto alingaki kopesa libonza mpona kokokisama na ndai to mpe na seleka, mposa makasi, to mpe mpona kozwa lobiko na Nzambe mpona bokono ekoki te kobikisama to mpe ekomi na suka. Na motema na lolenge nini esengeli na mbeka wana kopesama? Ekobongisama ata na motema mobimba koleka mbeka na kotonda eye epesamaka lokola na momesano. Nzambe Akosepela mingi soki tobonzi epai na Ye ngombe mobali, to kolandisama makoki na moto na moto, soki tobonzelaki Ye ngombe mwasi to mpe mpate to mpe ntaba, kasi motuya na libenga lokola mbeka ezali mpenza na motuya soko moko te.

Ya solo, yango ezali te koloba ete "motuya" na libonza etalaka kaka motuya na yango na misolo. Na tango moto nioso abongisi libonza na motema na ye mobimba mpe na makanisi mpe na kolandela eleki motuya kolandisama na makambo na ye moko, Nzambe Akokumisa motuya na libonza kolandisama na pimbo na molimo ezwami kati na yango.

3. Kobonza Mbeka na Kimia

1) Komamama na Loboko na Moto na Mbeka na Kimia mpe Kosasa Yanngo na Nzela na Ekuke na Hema na Koyangana

Soki moto oyo azali komema mbeka alalisi loboko na ye na moto na mbeka na nzela na ekuke na hema na koyangana, azali kotia masumu na ye kati na nyama. Na tango moto kobonzaka mbeka na kimia alalisi loboko na ye likolo na mbeka, azali kotia nyama na pembeni lokola mbeka esengeli kopesama epai na Nzambe nde bongo kotia yango epakolami.

Mpona mbeka na biso na oyo elalisi biso loboko ezala mbeka ekosepelisaka epai na Nzambe, tosengeli te kokata motuya kolandisama na makanisi na mosuni kasi kolandisama na lisungi na Molimo Mosantu. Kaka mbeka na lmotuya wana nde ekondimama epai na Nzambe, etama pembeni mpe epakolama.

Sima na komama loboko na ye na moto na mbeka, moto kopesa mbeka akokatakata yango na nzela na ekuke na hema na koyangana. Na tango na Kondimana na Kala, kaka nganga Nzambe akokaki kokota Mongombo mpe bato bazalaki kokata kingo na nyama kaka na nzela na ekuke na hema na koyangana. Kasi, lolenge efelo na masumu eye ezalaki kotelema kati na nzela na biso mpona kokoma na Nzambe ebebisama na Yesu Christu, tokoki lelo kokota mongombo, tongumbamela Nzambe, mpe tozala na lisangana na malamu mpe na mozindo elongo na Ye.

2) Bana na Alona ba Nganga Nzambe Bakotangisa Makila Pembeni na Etumbelo

Lewitiko 17:11 elobi na biso ete, ""Mpona bomoi na mosuni ezali kati na makila, mpe Ngai Nsili kopesa yango na bino likolo na etumbelo mpona kosala kozongisa na bondeko na ntina na bomoi." Baebele 9:22 elobi na biso mpe ete, "εε, na nse na mibeko biloko nioso mipetolami na makila, mpe soko makila masopani te, kolimbisama na masumu ezali te," Mpe esosolisi na biso ete kaka na makila nde tokoki kopetolama. Na kopesaka mbeka na kimia epai na Nzambe mpona lisangana malamu mpe na mozindo elongo na Nzambe, kotangisama na makila esengeli mpo ete biso, ba oyo boyokani elongo na Nzambe ebebisamaka, tokoki soko te kozala na kimia na Ye soko misala na makila na Yesu Christu te.

Nganga Nzambe kotangisa makila zingazinga na etumbelo elakisi ete esika nioso makolo na biso mazali komema biso mpe kati na likambo nioso eye tokutani na yango kimia na Nzambe ekokokisama tango nioso. Mpona kotalisa ete lokola elembo ete Nzambe Azali na biso tango nioso, Azali kotambola na biso, kobatela biso, mpe kopambola biso esika nioso ekokende biso, kati na nioso ekosala biso, mpe na moto nioso oyo tozali na ye, makila etangisami zingazinga etumbelo.

3) Na Kobonzama na Mbeka na Kimia Mbeka Ekopesama Kati na Moto epai na YAWE

Lewitiko 3 etalisi ba lolenge mpona kopesa kaka ba ngombe te kasi mpe bam pate mpe ba ntaba lokola mbeka na kimia. Lokola ba lolenge na kosalela ezali lokola kokokana, tokotala lolenge nini na kobonza ngombe lokola mbeka na kimia. Kati na kopima mbeka na kimia na mbeka na kotumba, toyebi ete biteni nioso na mbeka elongolami loposo epesamaki epai na Nzambe. Ntina na mbeka na kotumba ezali mayangani na molimo, mpe lokola mayangani ezali na mobimba kobonzama epai na Nzambe, ba mbeka mitumbamaki mpenza.

Kasi kati na kopesa ba mbeka na kimia, biteni nioso na mbeka epesamaka te. Lolenge totangi kati na Lewitiko 3:3b-4 ete, "mafuta mazipi nsopo mpe mafuta nioso mazali likolo na nsopo mpe mipiko mibale elongo na mafuta mazali na yango epai na mosuni na mokongo, mpe eteni moke na libali oyo ekolongola ye na mipiko elongo," mafuta maye mazali kozipa biteni na motuya na misopo na nyama misengeli kobonzama epai na Nzambe lokola mbeka na pimbo kitoko. Kopesa mafuta na biteni na biteni na nyama elakisi ete tosengeli kozala na kimia na Nzambe esika nioso ekozala biso mpe kati na likambo nioso tokutani na yango.

Kozala na kimia na Nzambe mpe esengaka mpe tozala na kimia na bato nioso mpe tolandela kobulisama. Kaka na tango ezali bison a kimia na bato nioso nde tokoki kokoma na kokoka lokola bana na Nzambe (Matai 5:46-48).

Simana mafuta na mbeka eye esengeli kobonzama na Nzambe elongolami, eteni eye esengeli nan ganga Nzambe mikolongolama. Totangi Kati na Lewitiko 7:34 ete, "Mpo ete nasili kolongola ntolo na koningana mpe ebelo na kokabama na baton a Yisalele, longwana mbeka na bango na kimia mpe Nasili kopesa yango na Alona nganga mpe na bana babali na ye, lokola mbano na seko na baton a Yisalele." Kaka lolenge eteni na mbeka na bilei ezalaki mpona nganga Nzambe, biteni na ba mbeka na kimia eye bato bazalaki kobonzela Nzambe esengelaki mpona kobika na ban ganga mpe nan a Balewi, bango nioso babale bazalaki kosalela Nzambe mpe baton a Ye.

Yango ezali lolenge moko na ekeke na Kondimana na Sika. Na nzela na mabonza mapesami na Nzambe epai na bandimi, mosala na Nzambe mpona lobiko na milimo ekosalema mpe kobika na basali na Nkolo mpe basali na ligomba ekosalemela. Sima na kolongola biteni mpona Nzambe mpe banganga, oyo etikalaka ekoliama na bato oyo bapesaki mbeka; oyo ezali eloko moko kaka mpona mbeka na kimia. Mpona moto oyo apesi yango akoka lisusu kolia yango elakisi ete Nzambe Akotalisa ete mbeka ekokaki mpona kosepelisa Ye na nzela na bilembo na biyano mpe mapamboli.

4. Mpona oyo Etali Mafuta mpe Makila

Na tango nyama abomamaki lokola mbeka na kopesama epai na Nzambe, nganga Nzambe akotangisa makila na ye zingazinga etumbelo. Lisusu, lokola mafuta mpe mafuta na kati ezalaki mpona YAWE, mitalisamaki lokola bulee mpe epesamaki na molinga likolo nan a etumbelo lokola mpimbo kitoso eye ezalaki kosepelisa Nzambe. Bato na eleko na Kondimana na Kala bazalaki kolia mafuta to mpe makila te, pamba te mafuta mpe makila matali bomoi. Makila elakisaka bomoi na mosuni mpe mafuta, lokola eloko kati na nzoto ezali mpe lolenge moko na makila. Mafuta elakisaka makambo malamu mpe misala na bomoi.

Limbola nini mafuta elakisi?
Yambo mafuta elakisi kolandela na koleka eye efandaka kati na motema ekoka. Kopesaka mafuta kati na mbeka na moto elakisi

ete topesi epai na Nzambe na eloko nioso oyo tozali na yango mpe nioso oyo ezali biso. Elakis kolandama na eleki likolo mpe motema mobimba na oyo moto apesaka mabonza masengeli na kondimama na Nzambe. Na tango eloko na kopesaka mbeka na matondi likolo na etumbelo mpona kokokisa kimia na kosepelisa Ye to mpe komikaba na moto ye moko mpona Nzambe ezali motuya, kasi motuya na koleka ezali lolenge na motema mpe monene na kolandela na oyo libonza epesami. Soki moto oyo asalaki mabe na miso na Nzambe azali kopesa libonza mpona kozala na kimia na Ye, libonza wana esengeli kopesama na komikaba eleki monene mpe motema eleki na kokoka.

Ya solo, kolimbisama na masumu esengaka kobonzama na mbeka na koyoka mabe to mpe na masumu. Kasi, ezalaka na ba tango moto azali kolikia kokende likolo mpe na koleka na koyambaka kaka bolimbisami na masumu kasi akosala kimia na solo na Nzambe na kosepelisaka Ye. Ndakisa, na tango mwana asaleli tata na ye mabe mpe azokisi motema na ye mingi mpenza, motema na tata ekoki kokitisama mpe kimia na solo ekokisama kati na bango babale, soki asalaki oyo ekokaki na ye kosala mpona kosepelisa tata na ye, esika kaka na koloba ete ayoki mabe mpe epesameli ye kolimbisama na mabe ma ye.

Lisusu, "mafuta" elakisi mpe kobondela mpe kotondisama na Molimo Mosantu. Kati na Matai 25 ezali baseka mitano na ekenge oyo bazwaki mafuta na milangi na bango elongo na ba minda na bango, mpe basi baseka bilema mitano bango oyo bazwaki mafuta te elongo na bango mpe eboyamaki na bango kokota kati na elembo na libala. Awa, "mafuta" na molimo elakisi kobondela mpe kotondisama na Molimo mosantu. Kka na tango tozwi kotondisama na Molimo Mosantu na nzela na kobondela mpe tolamuki nde tokoka kokima bozwi na mbindo na baposa na mokili mpe tokozela Nkolo na biso, mobali na libala, sima na biso kobongisama likola Basin a Ye kitoko na libala.

Kobondela esengeli kokende elengo na mbeka na kimia epesami epai na Nzambe mpona kosepelisa Nzambe mpe na kozwa biyano na Ye. Yango tina kobondela esengeli kaka kozala momesano te; esengeli kopesama na motema na biso nioso mpe na eloko nioso tozali na yango mpe nioso ezali biso, kaka lolenge motoki na Yesu' ekomaki lokola kotanga na makila, kotanga na mabele na tango ezalaki Ye kobondela na Getesemane. Moto oyo abondelaka lolenge oyo akobunda solo mpe mpe akolongola masumu, abulisama nye, mpe akozwa longwa na likolo mayele mpe kotondisama na Molimo Mosantu. Na tango moto na lolenge oyo akopesa mbeka na kimia epai na Nzambe, Ye Akosepela na ye mpe Akopesa biyano na ye na pete.

Mbeka na kimia ezali mbeka eye ebonzami na Nzambe kati na kondimela ye na mobimba, mpo ete tokoka kobika ba bomoi na motuya elongo na Ye mpe nan se na kobatelama na Ye. Kati na kosala kimia elongo na Nzambe, tosengeli kolongwa na ba nzela na biso miye mazali te kosepelisa na miso na Ye; tosengeli kopesa ba mbeka epai na Ye na motema na biso nioso mpe kati na esengo, mpe tozwa kotondisama na Molimo Mosantu na nzela na kobondela. Tokoma bongo na kotondisama na elikia na Lola mpe tobika ba bomoi na elonga na kosalaka kimia elongo na Nzambe. Nakolikia ete motangi moko na moko akozwa tango nioso biyano na Nzambe mpe mapamboli na kobondelaka kati na mayele mpe na kotondisama na Molimo Mosantu na motema na ye mobimba mpe akopesa epai na Ye mabonza na kimia oyo esepelisaka na miso ma Ye.

Chapitre 6

Mbeka na Masumu

"Soki nganga apakolami azali moto asali lisumu yango, boye ye ayeisi ekweli epai na bato, akaba ngombe elenge na libebi te epai na YAWE mpona mbeka na lisumu na ntina na lisumu esali ye."

Lewitiko 4:2-3

1. Ntina mpe ba Lolenge na Ba Mbeka na Masumu

Na kondima na biso kati na Yesu Christu mpe mosala na makila na Ye, tolimbisami na masumu na biso nioso mpe tokomi kati na lobiko. Kasi, mpona kondima na biso endimama ete ezali solo, tosengeli kaka te kotubela na bibebo ete, "Nandimi," kasi totalisa yango na misala mpe kati na bosolo. Na tango totalisi liboso na Nzambe lokola bilembo na kondima eye Nzambe Akondima, Akomona kondima wana mpe Akolimbisa bison a masumu na biso.

Lolenge nini tokoki kozwa bolimbisami na masumu kati na kondima? Ya solo, mwana nioso na Nzambe asengeli kotambola kati na pole mpe atikala kosumuka te. Kasi, soki ezali na efelo kotelema kati na Nzambe mpe mondimi oyo asumukaki na tango oyo ye naino akomaki na kokokisama te, asengeli koyeba lolenge na kosala mpe asalaa lolenge elongobami. Solution efandisami kati na Liloba na Nzambe mpona oyo etali mbeka na masumu.

Mbeka na masumu ezali lolenge tptangi yango, mbeka ebonzami epai na Nzambe lokola mbeka na masumu esalaki biso mpe ba lolenge ekokesana kolandisama na mosala na biso kati na Nzambe mpe etape na kondima na moto. Lewitiko 4 elobeli mbeka na masumu esengeli kopesama epai na nganga Nzambe, lingomba, mokambi, mpe na moto nioso.

2. Mbeka mpona Nganga Nzambe Mopakolami

Nzambe Alobeli Mose kati na Lewitiko 4:2-3 ete, "Lobela baton a Yisalele ete, 'Soko moto asali lisumu na koyeba boye te, na ntina na likambo lilakaki YAWE ete esalama te, mpe ye asali likambo moko na yango, soko nganga apakolami azali moto asali lisumu yango, boye ye ayeisi ekweli na bato, mbe akaba ngombe elenge mobali na libebi te epai na YAWE mpona mbeka na lisumu na ntina na lisumu lisali ye.'"

Awa, "bana na Yisalele" na molimo elakisi bana nioso na Nzambe. Tango wapi moto asumukaka na koyeba ten a eloko moko oyo Yawe Asila kopesa mobeko na kosala te, mpe asali moko na yango azali kolandisama na mobeko na Nzambe, oyo ezwami kati na Liloba na Ye oyo ekomami kati na Ba Buku 66 kati na Biblia, eye Ye Asenga ete "esalema te," ebukami.

Na tango nganga Nzambe- na lolenge na lelo, mosali oyo azali kolakisa mpe azali kosakola Liloba na Nzambe- abuki mobeko na Nzambe, lifuti na lisumu ekosimba ata bato nioso. Lolenge alakisaki etonga na ye kolandisama na solo te to mpe abikaki ye moko kati na yango te, lisumu na ye ezali monene, ata soki asumukaki na koyeba te, ezali ata bongo na koyokisa nsoni makasi ete nganga Nzambe akanga mokano na Nzambe te.

Ndakisa, soki mosali na Nzambe akolakisa solo mabe, bam pate na ye bakondima maloba na ye; bakotelemela mokano na Nzambe; mpe lingomba na mobimba na yango ekotonga efelo na lisumu liboso na Nzambe. Ye Aloba na biso ete, "Okozala sembo," "Boboya mabe na lolenge nioso," mpe "Bondelaka na kotika te." Sasaipi, nini ekosalema soki nganga Nzambe alobi ete, "Yesu Asikola bison a masumu nioso. Boye tokobikisama soki kaka tokobi na kokende egelesia'"? Lolenge Yesu Alobeli biso kati na Matai 15:14 ete, "Soko mokufi miso akokamba mokufi miso na nzela, bango mibale bakokweya kati na libulu," lifuti na lisumu nan ganga Nzambe ezali monene mpo ete mosali elongo na etonga bakokende mosika na Nzambe. Soki bongo nganga asumuki "mpona komema mabe epai na bato," asengeli kobonza epai na Nzambe mbeka na lisumu.

1) Ngombe Elenge Mobali ezanga Mbeba Ekobonzama lokola Mbeka na Lisumu

Na tango nganga mopakolami asumuki, ezali lokola komema mbeba epai na bato" mpe asengeli koyeba ete lifuti na masumu na ye ezali monene. Kati na 1 Samuele 2-4 tomoni nini esalemaka na tango bana na Elian ganga Nzambe basumukaki na kozwaka ba mbeka eye ebonzamaki na Nzambe mpona bolamu na bango moko. Na tango Yisalele akweyaki kati na etumba na Bafilistia, bana na Elia babomamaki mpe 30,000 na mapinga na Yisalele babungisaki bomoi na bango. Ata Sanduku na Nzambe ekamatama, Yisalele mobimba ekotaki kati na pasi.

Yango tina mbeka na masumun esengeli kozala eloko na motuya koleka nioso: ngombe elenge mobali na mbeba moko te. Kati na mabonza nioso, Nzambe Andimaka na esengo na koleka ngombe mobeli mpe mpate mobali, mpe motuya na ngombe mobali eleki likolo. Mpona mbeka na lisumu, nganga Nzambe asengeli kaka kopesa ngombe nioso te kasi ngombe mobali na mbeba moko te; na molimo yango elakisi ete mbeka ekoki te kopesama kaka lolenge elingi moto to mpe na esengo te; mbeka nioso esengeli kozala komikaba.

2) Kobonza Mbeka na Lisumu

Nganga Nzambe akomema ngombe mpona kopesama lokola mbeka na lisumu na ekuke na nzela na hema na koyangana liboso na YAWE; akolalisa loboko na ye likolo na yango; akokata yango kinga; kozwa ndambo na makila na ngombe mpe komema yango na hema na koyangana; kozindisa mosapi na ye kati na makila mpe kobwaka ndambo na yango mbala sambo liboso na YAWE, liboso na elamba na Mongombo (Lewitiko 4:4-6). Kolalisa loboko likolo na moto na ngombe elakisi ete kotiama na masumu na moto epai na nyama. Na tango moto oyo asumukaki asengelaki na kufa, na kolalisa loboko likolo na moto na mbeka moto akozwa kolimbisama na masumu na ye na kommema masumu na ye epai na nyama mpe sima akokata nyama.

Nganga Nzambe asengeli bongo kozwa ndambo na makila, azindisa lisapi na ye kati na yango, mpe akotangisa yango kati na Mongombo, elamba na mongombo" ezali elamba makasi eye ekaboli Mongombo na Esika eleki Bulee. Mabonza mapesamaka na momesano na kati na Mongombo te kasi likolo na etumbelo kati na lopango na tempelo; kasi, bakotaka kati na Mongombo na makila na mbeka na lisumu, mpe akotangisa yango liboso na elamba na Mongombo, kaka liboso na esika eleki Bulee esika wapi Nzambe Ayingelaka.

Kozindisa lisapi kati na makila elakisaka mosala na kolomba bolimbisi. Elakisaka ete moto atubelaka kaka na bibebu na ye te to mpe na ndai, kasi abotaka mpe ba mbuma na koyambola na solo kolongola lisumu mpe mabe. Kozindisa lisapi kati na makila mpe na kobwaka yango "-mbala sambo"- "sambo" ezali motuya ekoka kati na mokili na molimo- elakisi ete moto akolongola mpenza masumu ma ye. Moto akoki kozwa kolimbisama ekoka kaka sima na ye kolongola mpenza masumu ma ye mpe akosumuka lisusu te.

Nganga akotia mpe ndambo na makila likolo na maseke na etumbelo na mpaka malasi liboso na YAWE kati na hema na koyangana, mpe akobwaka na nzela na ekuke na koyangana (Lewitiko 4:7). Etumbelo na paka malasi- etumbelo na malasi- ezali etumbelo ebongisama mpona kotumba mpaka malasi; na tango malasi ezalaki kotumbama, Nzambe Andimaki mbeka wana. Lisusu, maseke kati na Biblia elakisaka mokonzi kati na bokonzi mpe lokumu na ye; elakisi Mokonzi Nzambe na biso (Emoniseli 5:6). Kopakola makila na maseke likolo na etumbelo nap aka malasi elakisi elembo ete mbeka endimami na Nzambe Mokonzi na biso.

Sasaipi, lolenge kani ekoki biso kotalisa na lolenge eye Nzambe Akondima? Etalisamaki na likolo ete lisumu mpe mabe ilongolamaki na kozindisama na lisapi kati na makila na mbeka na lisumu mpe na kobwaka yango. Sima na kotalisa mpe kotubela masumu, tosengeli koya kati na lingomba mpona kotubela lisumu kati na kobondela. Kka lolenge makila na mbeka etiamaki na maseke mpona Nzambe kondima yango, tosengeli koya liboso na bokonzi na Nzambe Mokonzi mpe tobonza epai na Ye libondeli na kotubela. Tosengeli koya kati na lingomba, tofukami mpe tobondeli na nkombo na Yesu Christu kati na misala na Molimo Mosantu oyo Andimaka molimo na kotubela ekitela biso.

Oyo ezali te koloba ete tosengeli kozela kino tango ekoya biso kati na lingomba mpona kotubela. Na tango toyebi ete tosalaki mabe epai na Nzambe, tosengeli na mbala moko kotubela mpe tolongwa na ba lolenge na biso. Awa, koya kati na lingomba etali Sabata, Mokolo na Nkolo.

Na tango kaka nganga Nzambe mopakolami akokaki kosolola na Nzambe kati na tango na Kondimana na Kala, lokola Molimo Mosato Azwi esika na Kobika kati na mitema na moko na moko na biso, tokoki lelo kobondela epai mpe kozala na lisangana mpenza na Nzambe kati na misala na Molimo Mosantu. Libondeli na kotubela ekoki mpe kopesama kaka kati na misala na Molimo Mosantu. Kasi kobatela na bongo été, mabondeli nioso mibonzami na kokokisama na kobatelaka Mokolo na Nkolo bulee.

Moto oyo abatelaka Mokolo na Nkolo te azali na elembo moko te ete ye azali na molimo mwana na Nzambe mpe akoki te kozwa kolimbisama ata soki apesi libondeli na kotubela kati na ye moko. Tubela endimamaka na Nzambe na tembe moko te kaka na tango moto apesi mabondeli na kotubela kati na ye moko sima na kososola ete ye asumukaki, kasi mpe na tango apesi mabondeli na kotubela lisusu kati na ndako na Nzambe o mokolo na Nkolo.

Sima na makila kopakolama na maseke likolo na etumbelo nap aka malasi, makila nioso makosopama na moboko na etumbelo na mbeka na kotumba. Oyo ezali elembo na kobonza nioso epai na

Nzambe makila, eye ezali bomoi na mbeka, mpe na molimo elakisi ete totubeli na motema nioso mopesami. Kozwa kolimbisama na masumu esalemaki epai na Nzambe esengaka tubela epesami na motema na biso mobimba, makanisi, mpe makasi mpe solo na biso eleka. Moto nioso oyo apesi epai na Nzambe tubela na solo akoka lisusu te komeka kosala lisumu moko wana liboso na Nzambe.

Elandi, nganga akolongola kati na ngombe na mbeka na lisumu mafuta nioso mpe akobonza kati na molinga likolo na etumbelo na mbeka na kotumba, lolenge moko na mbeka na kimia, mpe akomema na libanda na etonga esika wapi mputulu ebwakamaka, mpe batumbaka mabombami,loposo nioso na ngombe elongo na moto na yango, makolo, mpe mitiopo (Lewitiko 4:8-12). "Kobonza nioso na molinga" elakisi ete kati na solo, bo ngai na moto ebukami mpe kaka solo nde ebikisami.

Kaka lolenge mafuta na mbeka na kimia elongolamaka, mafuta na mbeka na kimia elongolamaka mpe mpe sima ekopesama kati na molinga likolo na etumbelo. Kobonza mafuta na ngombe kati na molinga likolo na etumbelo elobeli biso ete kaka tubela eye epesami na motema na biso nioso, makanisi, mpe mokano eleki monene ekondimama liboso na Nzambe.

Na tango biteni nioso na mbeka kati na mbeka na kotumba epesamaki kati na molinga likolo na etumbelo, mpona mbeka na lisumu biteni nioso, kolongola mafuta mpe mipiko itumbamaka likolo na nkoni na moto libanda na molako esika wapi mputulu ikobwakamaka. Mpona nini bongo?

Lokola mbeka na kotumba ezali mayangani na molimo epesami mpona kosepelisa Nzambe mpe na kokokisa lisangana elongo na Ye, epesami na molinga likolo na etumbelo kati na tempelo. Kasi, mpo ete mbeka na lisumu ezali mpona kosikola bison a masumu mbindo, ekoki te kopesama na molinga likolo na etumbelo kati na tempelo mpe etumbami mpenza na esika mosika na esika wapi bato babikaka.

Ata lelo, tosengeli kotia molende mpona kolongola mpenza masumu oyo etubelaki biso liboso na Nzambe. Tosengeli kopelisa na nzela na moto na Molimo Mosantu lolendo, lofundu, mpe bongai na kala na ba tango na bison a mokili, misala na nzoto na kosumuka maye masengelaka te liboso na Nzambe, mpe bongo na bongo. Mbeka oyo epesamaka na moto-ngombe- etiami masumu na moto oyo atiaki loboko na ye likolo na yango. Na bongo, longwa na esika wana, moto yango asengeli koya lokola mbeka na bomoi na oyo Nzambe Asepelaka.

Na nsuka na yango, nini esengeli na biso kosala lelo?

Limbola na molimo kati na ba bizaleli na ngombe eye esengelaki kobonzama mpe oyo na Yesu, oyo Akufaki mpona kosikola bison a lisumu, elimbolamaki na likolo. Boye, soki totubelaki mpe topesaki na nzela na kotumbama na molinga biteni nioso na mbeka, kobanda na tango wana, kaka lolenge na mbeka epesameli Nzambe, tosengeli kobongolama na nzela moko na Nkolo na biso oyo Akomaki mbeka na lisumu. Na kosalelaka nokinoki bandimi kati na lingomba mpona Nkolo na biso, tosengeli kondimela bandimi bakitisa mikumba na bango mpe topesa bango kaka solo mpe makambo malamu. Na komipesa mpe na kosunga bandeko kati na lingomba na biso mpona kobongola elanga na motema na bango kati na mpinzoli, molende, mpe kobondela, tosengeli kobongola bandeko na biso babali mpe basin a bana na solo, babulisama na Nzambe. Bongo Nzambe Akotala tubela na biso lokola solo mpe Akotambwisa bison a nzela na mapamboli.

Ata soki tozali basali na Nzambe te, lolenge etangi biso kati na 1 Petelo 2:9, "Kasi bino bozali libota liponami, banganga na bokonzi, libota na bulee, bato baponami," biso nioso oyo tondimelaka Nkolo tosengeli kokoma na kokoka lokola ban ganga Nzambe mpe tokoma bana solo na Nzambe.

Lisusu, libonza libonzami epai na Nzambe esengeli kolandisama na kotubela na tango kolongolama na masumu na moto ekosalema. Moto na moto oyo ayoki mpenza mabe mpe atubeli na mabe na ye akotambwisama solo na kopesa mbeka, mpe na tango misala mana mikolandisama na na motema na lolenge oyo nde ekoka komonana ete aluki tubela na mobimba liboso na Nzambe.

3. Mbeka na Lisumu Mpona Koyangana Mobimba

"Soki lingomba mobimba na Yisalele basali lisumu na koyeba boye te, mpe likambo yango libombami na miso na koyangana, mpe bango basali likambo moko lilaki YAWE ete lisalama te, mpe bango bakiti; esili lisumu lisali bango koyebana, mbe koyangana na Yisalele bakokaba ngombe elenge mobali mpona mbeka na lisumu mpe bakoya na yango liboso na hema na koyangana" (Lewitiko 4:13-14).

Na maloba na mikolo oyo, "lisumu na koyangana nioso" etalisi kosumuka na lingomba mobimba. Ndakisa, ezali na ba tango na tango masanga makosalamaka kati na lingomba kati na basali na Nzambe, bakolo, ba diaconesse mikolo mpe kotungisa ligomba mobimba. Etuluku moko na bato ekosalema mpe ekobandisa kowelana kati na ligomba mobimba. Na tango matuluku makelami mpe babandi kowelana, bongo lingomba na mobimba na yango bakosuka na kosumuka mpe na kosala efelo molai na lisumu liboso na Nzambe lokola ebele na bandimi kati na lingomba bakokotisama kati na kowelana, mpe bakoloba mabe to mpe bakokolisa koyoka mabe kati na moko na mosusu.

Ata Nzambe Aloba na biso ete tolinga bayini na biso, tosalela basusu, tomikitisa biso mpenza, tozala na kimia na bato nioso, mpe toluka kobulisama. Boni komiyokisa soni mpe mawa ezali epai na Nzambe mpona basali na Nkolo mpe bitonga na bango bazanga koyokana to mpe bandeko babali mpe na basi batelemelana? Soki likambo na lolenge oyo esalemi kati na lingomba, ekozwa kobatelama na Nzambe te; ekozala na bolamuki te mpe mikakatano eikolanda na ba ndako mpe bombongo na bandimi.

Lolenge nini tokoki kozwa bolimbisami na lisumu na lingomba mobimba? Na tango lingomba mobimba esumuki mpe yango eyebani, esengeli komema ngombe mobali liboso na hema na koyangana. Bakolo na lingomba bakolalisa maboko na bango likolo na moto na mbeka, bakokata yango kingo liboso na YAWE, mpe bakobonza yango epai na Nzambe na lolenge moko na mbeka na lisumu na nganga Nzambe. Mbeka ezali mbeka na lisumu na banganga mpe lingomba mobimba ekokani na talo mpe na motuya. Yango elakisi été na miso na Nzambe, monene na lisumu esalaki nganga Nzambe mpe lingomba mobimba ezali lolenge moko.

Kasi, na tango mbeka mpona lisumu nan ganga Nzmabe ezali ngombe mobali na mbeba moko te, mbeka mpona lingomba mobimba mpona mbeka na lisumu esengeli kaka kozala ngombe mobali. Yango ezali mpo ete ezali naino pete te mpona lingomba mobimba bazala motema moko mpe bapesa mbeka kati na esengo mpe na kotonda.

Na tango lingomba na lelo na mobimba na yango basumuki mpe balingi kotibela, ekoki mpe ete kati na bandimi ete bato bazangi kondima to bato balingi te kotubela na koyokaka malamu te kati na motema na bango. Mpo ete ezali pete te mpona lingomba mobimba bapesa epai na Ye mbeka eye ezanga mbeba, Nzambe Atalisi mawa na Ye mpona yango. Ata soki moke na bato bakoki te kopesa libonza na moto mobimba, na tango mingi na bandimi na egelesia batubeli mpe balongwe na ba nzela na bango, Nzambe Akoyamba mbeka na lisumu mpe Akolimbisa.

Lolenge ezali moto nioso te kati na lingomba nde akoki kolalisa loboko na ye likolo na moto na libonza, bakolo kati na lingomba, mpona lingomba mobimba, bakolalisa maboko na bango na tango lingomba mobimba ekopesa epai na Nzambe mbeka na lisumu. Kosalelama nioso ekokani na lolenge na mbeka na lisumu na banganga Nzambe na etape nioso kobanda nan ganga kozindisa mosapi na ye kati na makila na mbeka, kotangisa yango mbala sambo liboso na elamba na Mongombo, kotia ndambo na makila likolo na maseke na etumbelo na paka malasi, mpe kotumba etikali na biteni na mbeka libanda na molako. Ntina na molimo na misala mana nioso ezali na kolongwa mpenza mpenza na lisumu. Tosengeli mpe kopesa libondeli na kotubela na nkombo na Yesu Christu mpe kati na misala na Molimo Mosantu kati na egelesia na Nzambe mpo ete tubela endimama mpenza. Sima na kotubela na lingomba mobimba na motema moko na lolenge oyo, lisumu esengeli lisusu te kosalema.

4. Mbeka na Lisumu mpona Mokambi

Kati na Lewitiko 4:22-24 totangi ete,

"Wana ekosala mokonzi lisumu, ekosala ye na koyeba boye te, likambo moko kati na makambo nioso Malaki YAWE Nzambe na ye ete masalama te, mpe ye akiti, soko lisumu lisali ye liyebisami na ye, mbe ye akoya na ntaba mpona mbeka na ye, ntaba mobali na libebi te. Akolalisa lokolo na ye na moto na ntaba mpe akoboma yango na esika ekobomaka bango mbeka na kotumba liboso na YAWE. Yango ezali mbeka na lisumu."

Na tango ba oyo nan se na banganga Nzambe, "bakambi" bazali na esika na kotambwisa mpe na etape ekesana na moto nioso. Na boye, bakambi bakobonzela Nzambe ntaba mobali. Ezali nan se na ngombe mobali eye epesami nan ganga Nzambe kasi eleki ntaba muasi eye ekopesama na moto nioso lokola mbeka na lisumu.

Na lolenge na lelo, "bakambi" kati na lingomba bazali batambwisi na etonga to mpe na ba cellule to balakisi na kelasi na Eyenga. Bakambi bazali ba oyo bakosalaka na esika na kotambwisa bandimi na lingomba. Kokesana na bandimi nioso to mpe bango bayei sika kati na kondima, batiama pembeni liboso na Nzambe mpe na lolenge oyo, ata soki lisumu moko oyo esalemaki, bakambi basengeli kopesa mbuma monene na kotubela epai na Nzambe.

Na mikolo mileka, mokambi azalaki kolalisa loboko na ye likolo na ntaba mobali oyo azanga mbeba komema lisumu na ye likolo na ntaba mobali mpe sima akokata yango liboso na Nzambe. Mokambi akozwa kolimbisama na tango nganga azindisi lisapi na ye kati na makila, apakoli yango likolo na maseke na etumbelo na mbeka na kotumba, mpe asopi oyo etikalaki na makila na mbeka na moboko na eumbelo na mbeka na kotumba. Lolenge moko ezali mpona mbeka na kimia, mafuta na mbeka ekopesama molinga likolo na etumbelo.

Na bokeseni nan ganga Nzambe, mokambi akotangisaka makila na mbeka te mbala sambo liboso na elamba na Mongombo; na tango atalisi tubela na ye ezali na kopakola makila na maseke na etumbelo na mbeka na kotumba mpe Nzambe Akondima yango. Yango ezali mpo ete etape kati na kondima na nganga Nzambe ekesana na oyo na mokambi. Lokola nganga asengelaki lisusu kosumuka te sima na kotubela, asengelaki kotangisa makila na mbeka mbala sambo, motuya na kokoka na lolenge na molimo.

Kasi mokambi, akoki na kososola te, kosumuka lisusu, mpe mpona ntina na yango esengeli na ye kotangisa makila na mbeka mbala sambo te. Oyo ezali elembo na bolingo mpe na mawa na Nzambe, Ye oyo Alingi kozwa tubela na moto na moto kolandisama na etape na ye kati na kondima mpe Apesa kolimbisama. Kino esika oyo mpona kolobelaka mbeka na lisumu, "nganga Nzambe" atalisami lokola "mosali na Nzambe" mpe "mokambi" lokola "mosali na esika na kokamba." Kasi, makambo nioso oyo masukisama kaka na mosala mopesami na Nzambe te kati na egelesia, kasi elobeli mpeetape kati na kondima na mondimi moko na moko.

Mosali na Nzambe asengeli kobulisama kati na kondima nde sima epesamela ye botambwisi na etonga na bandimi. Esengeli kaka mpona kondima na moto na ebonga na kotambwisa, lokola mokambi na equipe to mpe na cellule to molakisi na kelasi na Eyenga, kozala na etape ekesana na mondimi nioso ata soki naino ekokisi ye kobulisama na kokoka te. Lokola etape kati na kondima ekesana na oyo na mosali na Nzambe to mokambi mpe na mondimi, ntina na lisumu mpe monene na tubela eye Nzambe Alukaka mpona ikesana ata soki bango nioso basalaki lisumu moko.

Oyo ezali te koloba ete endimami na mondimi kokanisa ete, 'Mpo ete kondima na ngai ekoki naino te, Nzambe Akopesa na ngai libaku malamu mosusu ata soki ekosumuka ngai na sima,' nde atubela na motema na lolenge wana. Kolimbisama euti na Nzambe na nzela na tubela ekoki te koyambama na tango moto kati na koyeba mpe na kolinga kosala lisumu, kasi na tango moto asumuki na kozanga kososola mpe sima na yango asosoli ete asumukaki mpe aluki bolimbisi mpona yango. Lisusu, na tango esilaki ye kosumuka mpe atubeli na yango, Nzambe Akondima tubela yango kaa na tango ye akosala makasi na lolenge nioso kati na mabondeli makasi mpona kosala lisusu lisumu wan a te.

5. Mbeka na Lisumu Mpona Moto Nioso

"Moto nioso" ezali baton a kondima moke, to mpe bandimi kaka kati na lingomba. Na tango moto nioso asali lisumu, bakosalaka yango mpona kondima na bango moke nde bongo mozito na mbeka na bango na lisumu ekozala moke na oyo na nganga Nzambe to mpe na mokambi. Moto nioso asengeli na kopesa epai na Nzambe lokola mbeka na lisumu ntaba muasi, oyo azali na motuya nan se na oyo na mobali, oyo azanga mbeba. Lokola ekozala mpona mbeka na lisumu oyo esalemi nan ganga Nzambe to mpe na mokambi, nganga asengeli kozindisa mosapi na ye kati na makila na mbeka na lisumu na moto nioso, apakola yango na maseke na etumbelo na mbeka na kotumba, mpe asopa oyo etikali na etumbelo.

Na tango ezali komonana ete moto nioso oyo akoki lisusu kosumuka na sima na tango mpona kondima na ye ezali moke, soki ayoki mabe mpe asopi motema na ye kati na kotubela na tango esumuki ye, Nzambe Akotalisa mawa mpe Akolimbisa ye. Lisusu, na lolenge Nzambe Apesaki ndingisa ete 'ntaba muasi' apesama, tokoki koloba ete masumu masalemaki na etape oyo izali pete na koleka mpona kolimbisama mbe lisumu mpona oyo ntaba mobali to mpate asengeli na kobonzama. Yango elingi te kolakis ete Nzambe Andimaka tubela na kolembisama; moto asengeli kopesa epai na Nzambe tubela na solo, kozwa ekateli na kosumukaka lisusu te.

Na tango moto na kondima moke asosoli mpe atubeli masumu ma ye mpe akosala oyo ekoki na ye kosala mpona kobandela lisusu lisumu yango te, makasi na kozongela lisumu ekokitisama longwa na zomoi kino na mitano ata na misato, mpe suka suka akokoka kolongola yango nioso. Nzambe Andimaka tubela eye elandisamaka na mbuma. Akondima te tubela ata na mondimi na sika kati na kondima soki tubella yango ezali kaka na misala na bibebu kasi ekobongolaka motema te.

Nzambe Akosepela mpe Akolinga mondimi sika kati na kondima oyo atubeli na mbala moko na masumu maye na tango nioso oyo ye asososli masumu ma ye mpe akolongolaka yango nokinoki. Esika na komipesela assurance ete, 'Esika oyo nde kondima na ngai etelemi, nde boye oyo ekoki na ngai,' kaka kati na kotubela te kasi mpe kati na kobondela, masanjoli, mpe makambo nioso matali bomoi kati na Christu, na tango moto akobundaka mpona kokende likolo mpe na kolekela makoki ma ye moko, akopesamela ye ata bolingo na koleka mingi mpe mapamboli mauti na Nzambe.

Na tango moto akokaki te kobonza ntaba muasi mpe na bongo apesaki mpate, mpate mpe asengelaki kozala na muasi ezanga mbeba (Lewitiko 4:32). Babola bazalaki kopesa ba kanga mibale mpe ba bibenga bilenge mibale, mpe baleki babola bazalaki kopesa moke ata na mfufu motutami mokemoke (Lewitiko 5:7, 11). Nzambe na sembo oyo Akabola mpe Andima mbeka na lisumu kolandisama na etape kati na kondima na moko na moko.

Kino awa tolobeli lolenge kani kopesa mbeka na kolongolama masumu mpe mbeka na kimia na Nzambe na kolobelaka mbeka na lisumu mopesami na Ye epai na bato bakeseni ba pete mpe na misala mikesana. Nakolikia ete motango moko na moko akosala kimia elongo na Nzambe na kotalaka tango nioso mosala na moto moto eye epesami na Nzambe mpe lolenge na kondima na ye, elongo na kotubelaka mpenza mpenza na ba mbeba mpe masumu esika nioso efelo na lisumu emonani na kati na nzela na ye na Nzambe.

Chapitre 7

Mbeka na Ekweli

"Soki moto asali sembo te mpe asali lisumu na koyeba boye ten a ntina na biloko na bulee na YAWE mbe akoya na mbeka na ekweli na ye epai na YAWE, mpate mobali na etonga na libebi ten a motuya mobongi na miso na yo motangami na basekele na palata lokola sekele mosanto. Ezali mbeka na ekweli."

Lewitiko 5:15

1. Limbola na Mbeka na Ekweli

Mbeka na ekweli epesamaka epai na Nzambe mpona kosala kofuta nyongo na lisumu esalemaki. Na tango baton a Nzambe basumuki liboso na Ye, basengeli kobonza epai na Ye mbeka na ekweli mpe batibela liboso na Ye. Kasi, kolandisama na lolenge na masumu, moto oyo asumukaki asengeli kaka kolongola motema na ye na ba lolenge na masumu, kasi asengeli mpe kondima bozito na mabe esalaki ye.

Ndakisa, moto adefaki eloko oyo ezalaki na moninga na ye kasi na likama ayei na kobebisa yango. Awa, moto akoki kaka koloba te ete nasenge bolimbisi kasi asengeli mpe kozongisa kati na bolamu eloko ebebisaki ye, asengeli kofuta moninga na ye motuya na yango na misolo mpona kobongisa kobungisa na ye. Yango ezali tubela na solo.

Kopesa mbeka na ekweli elakisi komema kimia na kozongisaka to mpe na kokamata mokumba mpona mabe masalemaki. Lolenge moko ekosalemaka mpona koyambola liboso na Nzambe. Kaka lolenge tozali na bosenga mpona mbeba esalaki biso epai na bandeko na biso mibali to na basi kati na Christu, tosengeli kotalisa epai na Ye misala na koyambola esengela sima na biso kosumuka na Ye mpona koyambola na biso ezala na mobimba.

2. Tango Nini mpe Lolenge Kani mpona Kobonza Mbeka na Ekweli

1) Sima na Kopesa Litatoli na

"Soki moto asali mabe, eyoki ye ndai na kobianga ye kotatola likambo limoni ye to liyebi ye, nde ye alobi yango te, mbe akomema lisumu na ye." Ezalaka na ba tango bato, ata sima na bango kokata ndai mpona koloba solo, bakosala litatoli na lokuta na tango bolamu na bango moko ekomi na nkaka.

Ndakisa, toloba ete mwana nay o moko abomaki mpe moto oyo asalaki na ye eloko te afundami mpona koboma yango. Soki okotelema lokola momoni likambo, ondimi ete yo okokoka kopesa mpenza litatoli lolenge esalemaki ? Soki obateli kimia nay o mpona kobatela mwana nay o, kasi omemi pasi epai na moto mosusu, bato bakoki kozanga koyeba solo kasi Nzambe Atalaka nioso. Na boye, motelemi na likambo asengeli kotatola mpenza oyo emonaki ye to mpe oyo ayokaki mpona kondimisa solo kosambisama malamu, mpe moto moko te anyokwama na kozanga sembo.

Ezali lolenge moko mpona bomoi na bison a mokolo na mkolo. Bato mingi bakoki te kotalisa mpenza mpenza nini emonaki bango mpe eyokaki bango mpe, na lolenge na bango moko bakopesa sango esengelaki te. Basusu bakopesaka litatoli na lokuta na komisalela masolo lokola soki bamonaki eloko oyo bango bamonaki na bango te. Moko na lisolo oyo na lokuta, bato basali elooko moko te bazali kokatelama mabe na koboma oyo bango basalaki te nde bongo bazali konyokwama pamba. Tomoni kati na Yakobo 4 :17 été, « Ye oyo ayebi kosala malamu nde akosalaka boye te, asali na ye lisumu. » Bana na Nzambe bango oyo bayebi solo basengeli na kososola kati na solo mpe bapesa litatoli malamu mpo eye basusu bamikuta kati na pasi te to mpe bazala ba oyo banyokwami te.

Soki bolamu mpe solo afandi kati na mitema na biso, tokolobaka solo kati na makambo nioso. Tokolobaka mabe te na moto to mpe kopamela moto te, tobalola solo, to mpe topesa biyano bisengela te. Soki moto moko asalaka basusu mabe na koboyaka kosala matatoli na tango esengami to kopesa matatoli na lokuta, asengeli kobonzela Nzambe mbeka na ekweli.

2) Sima na Kosimbaka Biloko na Mbindo
Totangi kati na Lewitiko 5:2-3 ete,

Soko moto amami eloko na mbindo soki ezali ebembe na nyama na mbindo, to ebembe na ebwele na mbindo, to ebembe na nyama na mbindo na kolandaka, mpe soki mpe yango ebombaami na ye, mpe ye azwi mbindo, mbe akweyi na likambo. To soko amami eloko na mbindo na moto, soko mbindo yango ezali lolenge nini, oyo akoyeisa moto mbindo, mpe mpo yango ebombami na ye; wana ekoyeba ye yango akokweiya na likambo.

Awa eloko na mbindo na molimo elakisi na bizaleli nioso na bosolo te iye ekotelemelaka solo. Bizaleli yango ikotalaka makambo nioso mamonanaki, mayokanaki, to malobamaki, elongo na makambo mayokani na nzoto mpe na motema. Ezalaka na makambo, yambo na koyebaka solo, oyo tomonaka lisumu te. Kasi sima na biso koya kati na solo, tobanda komona makambo yango moko masengela ten a miso na Nzambe. Ndakisa, na tango eyebaki biso Nzambe te, tokokaki kokutana na makambo na mobulu to mpe na bilokoko lokola pornographie kasi nde toyebaka te ete na tango wana nde ezalaki mbindo. Kasi, sima na biso kobanda bomoi na biso kati na Christu, toyekoli ete makambo mana mazalaki kotelemela solo. Na tango esosoli biso kosalaka makambo mabengami mbindo soki epimami na mpenza na solo, tosengeli kotubela mpe topesa epai na Nzambe ba mbeka na ekweli.

Kasi ata na kati na bomoi na biso kati na Christu, ezalaka na ba tango wapi na tango kati na kozanga kososola tokomona mpe tokoyoka makambo mabe. Ekozala malamu soki tokoki kobatela mitema na biso ata sima na biso komona to mpe koyoka makambo oyo. Kasi, mpo ete ezali na nzela mpo ete mondimi akoka kobatela motema na ye te kasi andima makambo eye ekolandaka makambo na mbindo boye, asengeli kotubela na mbala moko sima na ye kososola masumu ma ye mpe apesa epai na Nzambe mbeka na ekweli.

3) Sima na Kokata Ndai

Lewitiko 5:4 etangi ete, "Soko moto asimbi ndai na monoko na ye ete akosala mabe to akosala malamu, to akosimba ndai na lolenge nini, mpe akanisi malamu te naino ye asimbi ndai yango te, mpe mpo yango ebombami na ye; wana ekoyeba ye yango akokweya na likambo moko kati na makambo yango." Nzambe Apekisa na biso tokata ndai soko na malamu soko na mabe.

Mpo nini Nzambe Apekisi na biso tolapa, kopesa ndai to tokata seleka? Ezali kaka malamu mpona Nzambe kopekisa biso mpona kokata ndai na "kosala malamu" mpo ete moto akoki te kobatela na %100 oyo elapaki ye (Matai 5:33-37; Yakobo 5:12). Kino tango ekokokisama ye kati na solo, motema na moto ekoki kokende epai na epai kolandisama na bolamu na ye moko mpe na lolenge na koyoka na ye, mpe akobatelaka te nini ye akatelaki ndai. Lisusu, ezalaka na ba tango wapi moyini zabolo mpe Satana akotaka kati na ba bomoi na bandimela mpe akopekisaka bango na kokokisa ba ndai na bango mpo ete bakoka kokela esika na kofunda bandimi. Mpona kotala ndakisa makasi oyo ete: Toloba ete moto akataki ndai ete, "Nakosala boye na boye lobi ekoya"," kasi nambalakata ye akufi lelo. Lolenge nini akoka kokokisa ndai na ye?

Mpona boye moto asengeli te kolapa ete akosala mabe mpe ata soki akataki ndai mpona kosala malamu, esika na kokata ndai, asengeli kobondela Nzambe mpe asenga makasi. Ndakisa, soko moto moko wana akati ndai, na kobondelaka na kotika te, esika na ndai na, "Nakoya na mayangani na mabondeli nab utu, moko nioso," asengeli kobondela boye ete, "Nzambe, nasengi Osunga ngai na bondelaka na kotika te mpe Batelaka ngai na misala na moyini zabolo mpe Satana." Soki nani nani akataki ndai na lombango, asengeli kotubela mpe apesa epai na Nzambe mbeka na ekweli.

Soki ezali na lisumu kati na makambo moko na misato oyo na likolo, moto"Mpe akoya na mbeka na ekweli na ye epai na YAWE mpona lisumu lisali ye. Ekozala ebwele na mwasi, to mwana na mpate to ntaba mpona mbeka na lisumu, mpe nganga akozuela ye kozonga na bondeko na ntina na lisumu na ye. (Lewitiko 5:6).

Awa, kobonza mbeka na ekweli endigisami elongo na kolimbolama nan a mbeka na ekweli. Yango ezali mpo ete mpona lisumu oyo esengeli na mbeka na ekweli kopesama, mbeka na lisumu mpe esengeli kobonzama. Mbeka na lisumu, lolenge elimbolaki ngai liboso, ezali kotubela liboso na Nzambe mpona kosumuka mpe kolongwa mpenza na lisumu yango. Kasi, elimbomaki mpe ete ma tango lisumu ezali kosenga na moto abongola kaka motema na ye te na ba nzela na masumu kasi mpe lisusu na ye kondima yango, mbeka na ekweli nde ekokomisa tubela na ye ya kokoka na tango ye afuti mpona kobungisa to mpe kobukama to mpe andimi na nzela na misala moko boye.

Mpona likambo yango, moto asengeli kaka te kofuta kasi mpe lisusu kobonza epai na Nzambe mbeka na ekweli elandisamaka na mbeka na lisumu lokola asengeli mpe kotubela liboso na Nzambe. Ata soki moto asalaki mabe mpona moto mosusu, mpo ete asalaki lisumu oyo esengelaki na ye kosala te lokola mwana na Nzambe asengeli mpe kotubela liboso na Tata na ye na Lola.

Toloba ete mobali akosi ndeko na ye na mwasi mpe akamati lopango oyo ezalaki na ye. Soki ndeko mobali azali na mposa na kotubela, asengeli yambo kosopa motema na ye kati na koyambola liboso na Nzambe mpe alongola lokoso mpe kokosa. Asengeli bongo kozwa kolimbisama na ndeko na ye mwasi oyo ye asalaki mabe. Sasaipi, asengeli kaka te kosenga bolimbisi na bibebu na ye kasi asengeli kofuta mpona kobungisa oyo ndeko na ye mwasi azwaki likolo na misala ma ye. Awa, "mbeka na lisumu" na mobali oyo ezali mosala na kotubela mpona koluka kolimbisama na ndeko na ye mwasi mpe na kozongisa mpe na kofuta kobungisa na ye ndeko mwasi.

Kati na Lewitiko 5:6, Nzambe Apesi ndigisa ete na tango na kopesa mbeka na lisumu eye elandaka mbeka na ekweli, mpate mwasi to mpe ntaba apesama. Na eteni elandi, totangi ete moto nani nani oyo akoki te komema mpate to ntaba asengeli kobonza kanga to mabenga mibale lokola mbeka na ekweli. Kobatela kati na bongo ete bandeke mibale bapesami. Moko apesami lokola mbeka na lisumu mpe mosusu lokola mbeka na kotumba.

Mpo nini Nzambe Asenga ete mbeka na kotumba epesama na tango moko na mbeka na lisumu elongo na ban kanga mibale to mabenga elenge mibale? Mbeka na kotumba elakisi kobatela Sabata bulee. Na mayangani na molimo elakisi kobonza mayangani esengeli na Nzambe na Eyenga. Boye, kopesa libonza na ban kanga babale to mpe ba kanga elenge mibale lokola mbeka na lisumu elongo na mbeka na kotumba elobeli na biso ete tubela na moto ekomisami na kokoka na ye kobatela Mokolo na Nkolo bulee. Tubela na solosolo esengaka te kaka tubela na moto na tango asosoli ete asumukaki, kasi mpe lisusu litatoli na ye na masumu mpe kotubela kati na ndako na Nzambe na mokolo na Nkolo.

Soki moto azali mobale mpe akoki at ate kobonza ba kanga mibale to mabenga elenge mibale, bongo asengeli kopesa epai na Nzambe moko na zomi na efa (lolenge na ba litre 22, to ba gallon 5) na mfufu motutami mokemoke lokola mbeka. Mbeka na lisumu esengeli kosalema na nyama lokola ezali mbeka na kolimbisma. Kasi, kati na mawa na Ye Nzambe Asengi na mobola, ba oyo bakokaki te kobonza epai na Ye nyama, bapesa mfufu etutami moke moke, mpo ete bakoka kozwa kolimbisama na masumu na bango.

Ezali na bokeseni kati na mbeka na lisumu epesami na mfufu motutami mokemoke mpe mbeka na bilei epesami na mfufu motutami mokemoke. Na tango mafuta mpe paka malasi ebakisamaki kati na mbeka na bilei mpona kokomisa yango solo kitoko mpe kotalisa yango malamu koleka, mafuta to paka malasi moko te ebakisamaki kati na mbeka na lisumu. Mpo nini bongo? Kopelisa mbeka na ekweli ezali lolenge moko na kopelisa lisumu na moto.

Mpo ete mafuta to paka na malasi ebakisamaki te kati na mfufu etutami mokemoke, na tango etalisami na molimo, etalisi biso mpona ezalaleli moto asengeli kozala na yango na tango ayei liboso na Nzambe mpona kotubela. 1 Mikonzi 21:27 elobi na biso ete na tango mokonzi Ahaba atubelaki liboso na Nzambe, ye "apasolaki bilamba na ye mpe alataki ngoto na nzoto na ye, akilaki bilei mpe alalaki na ngoto; alekakilekaki bobele na mawa." Na tango moto apasoli motema na ye kati na kotubela, akomibongisa ye moko kati na bizaleli, akomikanga, mpe akomikitisa. Akozala na ekenge na nini alingi mpe na lolenge azali komitambwisa, mpe akotalisa epai na Nzambe ete azali kobounda mpona kobika bomoi na komipekisa.

4) Sima na Kosumuka Mpona Biloko Mibulisama to Komema Kobungisa epai na Ndeko Mobali kati na Christu

Kati na Lewitiko 5:15-16 totangi ete,

Soko moto asali sembo te mpe asali lisumu na koyeba boye ten a ntina na biloko na bulee na Yawe mbe akoya na mbeka na ekweli na ye epai na Yawe, mpate mobali na etonga na libebi ten a motuya mobongi na miso nay o motangami na basekele na palata, lokola sekele na esika mosantu. Ezali mbeka na ekweli. Ye akofuta mpe mpona mabe esali ye na ntina na eloko na bulee, mpe akobakisa ndambo moko na mitano mpe akopesa yango nan ganga. Nganga mpe akozuela ye kozonga na bondeko na ntina na mpate mobali na mbeka na ekweli, mpe ye akolimbisama.

mbeka na ekweli. Nzambe Asenga bongo mpona kobanzisa biso ete tosala lolenge malamu mpe kati na komikanga. Na tango nioso tokutani na eloko bulee, tosengeli tango nioso kokebaka mpe komipekisaka mpo ete tosalela mabe te to mpe tobebisa biloko na Nzambe. Soki tobebisi eloko mpona kozanga kokeba na biso, tosengeli kotubela na mozindo na motema na biso mpe tozongisa na motuya moleki monene to mpe na tatlo eleki eloko oyo ebebisamaki.

Lewitiko 6:2-5 elobi na biso mpona ba nzela mpona moto moko azwa bolimbisi na masumu na "Awa ekosi ye moninga na ye moninga na ye na likambo na ndanga, to eloko ebombi epai na ye, to eloko ye abotoli, to soki ye anyokoli moninga na ye, to ye azwi eloko ebunga mpe akati lokuta na ntina na yango mpe asimbi ndai na lokuta." Yango ezali nzela na kotubela na ba mbeba masalemaki liboso moto aya na kondimela na Nzambe, mpe atubela mpe azwa kolimbisama sima na kososola kati ye mpenza ete azwaka na kozanga koyeba biloko na moto mosusu.

Mpona kopesa mbeka na lolenge oyo mpona lisumu na lolenge wana, epai na mokolo eloko esengeli kaka te kozongisama kaka eloko ekamatamaki te mpe lisusu kobakisa "moko na mitano" kasi yango elingi kaka te koloba ete esengeli kokatelama na monene na yango. Elingi mpe koloba ete na tango moto atalisi misala na koyambola, esengeli kowuta nan se na motema na ye. Nde bongo Nzambe Akolimbisa ye na masumu ma ye. Ndakisa, ezalaka na ba tango wapi ba mbeba nioso ten a kala ekoka kotangama mokona moko te mpe kofutama mpenza mpenza. Na bongo, eloko oyo moto asengeli kosala ezali kotalisa nokinoki misala na kotubela kobanda tango wana kino kokende. Na misolo ezwaki ye kati na mosala to mpe bombongo, akoki nokinoki kopesa mpona bokonzi na Nzambe to mpe kosunga na misolo mpona bango oyo bazali na bosenga. Na tango atongi misala na lolenge oyo na kotubela, Nzambe Akondima motema na ye mpe Akolimbisa ye na masumu ma ye.

Nasengi na bino bokanga ete koyambola ezali eloko na motuya koleka kati na mbeka na ekweli to mpe na mbeka na lisumu. Nzambe Alingaka biso ngombe na mafuta te kasi molimo mosokema (Nzembo 51:17). Na bongo, kati na kongumbamela Nzambe, tosengeli kotubela na masumu mpe mabe longwa mozindo na motema na biso mpe tobota ba mbuma makokani na yango. Nakolikia ete bokobonza epai na Nzambe masanjoli mpe mabonza na lolenge eye ekosepelisaka Ye, mpe bomoi na bino lokola mbeka na bomoi oyo endimama epai na Ye, bokotambola tango nioso kati na ebele na bolingo mpe mapamboli.

Chapitre 8

Bopesa Ba Nzoto na Bino Mbeka Bulee mpe na Bomoi

"Bandeko nazali kobondela bino mpona mawa na Nzambe ete bokaba nzoto na bino lokola mbeka na bomoi oyo na bulee mpe oyo ebongi na Nzambe Ayamba yango.
Bongo bokosambela Ye na ntina."

Baloma 12:1

1 Nkoto Moko na Mbeka na Kotumba na Salomo mpe Mapamboli

Salomo azwaki ebonga na mokozi na mbula 20. Kobanda bolenge na ye alakisama kati na kondima epai na Mosakoli Natana, Alingaka Nzambe, mpe abatelaka malako na tata na ye, Mokonzi Dawidi. Sima na komata na ngwende, Salomo abonzelaki Nzambe nkoto moko na ba mbeka na kotumba.

Koboonza nkoto moko na ba mbeka na kotumba ezalaki eloko moke soko te. Ezalaki na ebele na kopekisama na oyo etali esika, ngonga, ntina na mabonza, mpe lolenge nini bazalaki kosala mpona kobonza mbeka na ekeke na Kondimana na Kala. Lisusu, na kokesana na bato nioso, Mokonzi Salomo asengelaki kozala na bosenga na esika monene mpo ete azalaki na ebele na bato elongo na ye mpe ebele na ba mbeka mpona kobonza. Kati na 2 Ntango 1:2-3, elobi ete, "Salomo alobaki epai na Bayisaelele nioso, epai na bakapitene na bato nkoto mpe na bango likolo na mokama, epai na basambisi mpe epai na mikolo nioso kati na Yisalele, baton a liboso na batata.Boye Salomo, mpe bato nioso na koyangana bakendaki na Gibona, na esika na likolo, mpo ete hema na koyangana na Nzambe ezalaki wana, oyo Mose, moumbo na YAWE, atongaki kati na lisobe." Solomo akendaki na Gibona mpo ete hema na koyangana na Nzambe, oyo Mose atongaki kati na lisobe ezalaki kuna.

Elongo na koyangana nioso, Solomo akendeki liboso na YAWE na etumbelo na motako oyo ezalaki kati na hema na koyangana" mpe abonzaki epai na Ye nkoto moko na mbeka na kotumba. Elimbolamaki liboso ete mbeka na kotumba ezali mbeka epai na Nzambe solo malasi euti na kopelisama moto na nyama ebonzami, mpe bongo lokola bomoi epesami epai na Nzambe, elakisi komikaba mobimba mpe komipesa mpenza.

Na butu yango Nzambe Abimelaki Solomo kati na ndoto mpe Asengaki na ye ete, "Lomba eloko nini, ekopesa Ngai nay o" (2 Ntango 1:7). Solomo azongisaki ete,

Yo Omonisaki boboto monene epai na Dawidi, Tata na ngai; Okitisi mpe ngai na bokonzi na esika na ye. E YAWE, Nzambe na ngai, sasaipi tika ete elaka nay o epai na Dawidi, tata na ngai ebongisama; pamba te Opesi ngai bokonzi likolo na bato mingi lokola mputulu na mabele. Pesa ngai sasaipi mayele mpe boyebi ete nalekaleka liboso na libota na oyo. Pamba te nani akolonga kosambisa libota oyo na Yo monene? (2 Ntango 1:8-10).

Solomo asengaki nkita te, bozwi, lokumu, bomoi na bayini na ye, to bomoi molai te. Asengaki kaka bwanya mpe boyebi na oyo akokonza bato oyo na ye malamu. Nzambe Asepelaki na kozongisa na Salomo mpe Apesaki na mokonzi kaka bwanya mpe boyebi oyo esengaki ye te, kasi mpe bozwi, nkita, lokumu, moko te oyo mokonzi asengaki.

Nzambe Alobaki na Solomo ete, "boye mayele mpe boyebi ikopesamela yo mpe Nakopesa yo mosolo mpe biloko na motuya mpe lokumu oyo mokonzi moko te liboso nay o azalaki pelamoko na yango te mpe mosusu akoya nsima nay o te oyo akozala na yango pelamoko" (et. 12).

Na tango topesi epai na Nzambe mayangani na molimo na lolenge oyo ekosepelisaka Ye, Akopambola bison a nsima mpo ete kati na makambo nioso tokoka kofuluka mpe tozala na ba nzoto malamu lolenge molema na biso ekofulukaka.

2. Longwa na Ekeke na Mongombo kino na Ekeke na Tempelo

Sima na kosangisama na bokonzi mpe kimia ezwama, ezalaki na eloko moko eye etungisaki motema na Mokonzi Dawidi, tata na Solomo: Tempelo na Nzambe naino etongamaki te. Dawidi atungisamaki ete Sanduku na Nzambe ezalaki kati na hema mpe na bilamba na tango ye azalaki kofanda kati na ndako monene etongami na ba nzete na ceda, mpe azwaki mokano na kotonga Tempelo. Kasi, Nzambe Andimelaki yango te, mpo ete Dawidi atangisaka makila mingi kati na bitumba nde bongo akokaki te mpona kotonga tempelo bulee na Nzambe.

"Nde Liloba na YAWE eyelaki ngaiete, 'Osopi makila mingi mpe obundaki bitumba minene; okotonga ndako mpona nkombo na Ngai te, mpo ete osopi makila mingi likolo na mabele na miso na Ngai" (1 Ntango 22:8).

"Kasi Nzambe Alobaki na ngai ete, 'Okotonga ndako mpona nkombo na Ngai te, pamba te yo ozali moto na etumba mpe osopi makila" (1 Ntango 28:3).

.Na tango Mokonzi Dawidi akokaki te kokokisa ndoto na ye mpona kotonga Tempelo, na kotonda atikala te kozanga kotosa Liloba na Nzambe. Abongisaki mpe wolo, palata, motako, mabanga na motuya, mpe ba nzete na Ceda, biloko nioso esengelaki mpo ete mokonzi akoya, mwana na ye Solomo, akoka kotonga Tempelo.

Na ba mbula minei na ye likolo na ngwende, Solomo azwaki ekateli na kokoba na mokano na Nzambe mpe na kotonga Tempelo. Abandaki mabongisi na kotonga na Ngomba na Molia kati na Yelusaleme mpe asilisaki yango sima na ba mbula sambo. Ba mbula nkama minei mpe ntuku mwambe sima na baton a Yisalele kolongwa Ejipito, Tempelo na Nzambe esilaka kotongama. Salomo akotisaki Sanduku na Mibeko (Sanduku na Kondimana) mpe biloko nioso bulee kati na Tempelo.

Na tango nganga amemaki Sanduku na Mibeko kati na Esika eleki Bulee, nkembo na Nzambe etondaki ndako" (1 Mikonzi 8:11). Yango esukisaki ekeke na Mongombo mpe ebandisaki ekeke na Tempelo.

Kati na libondeli na ye mpona kobonza Tempelo epai na Nzambe, Salomo abondelaki ete Ye Akoka kolimbisa baton a Ye na tango bakobalola elongi na ngambo na Tempelo kati na kobondela makasi ata sima na bango kobetama na minyoko mpona masumu nabango.

Yokamela malombo na moumbo nay o mpe na libota na Yo Yisalele wana bakobondela kino esika oyo;εε, yoka bango kuna na efandelo na Yon a likolo, mpe ekoyoka yo, limbisa (1 Mikonzi 8:30).

Lokola Mokonzi Salomo ayebaki malamu lolenge nini kotongama na Tempelo esepelisaki Nzambe mpe ezalaki mapamboli, abondelaki bongo na makasi epai na Nzambe mpona bato na ye. Sima na koyoka libondeli na mokonzi, Nzambe Ayanolaki ete,

Nayoki libondeli nay o mpe kolomba elombaki yo liboso liboso na Ngai; Nasili kobulisa ndako ndako oyo yo otongi yango mpe Natii nkombo na Ngai wana libela; miso na Ngai mpe motema na Ngai ikozala wana libela (1 Mikonzi 9:3).

Na bongo na tango moto azali kongumbamela Nzambe lelo na motema na ye mobimba, makanisi, mpe na motema na bosolo eleka kati na ndako bulee na Nzambe esika wapi Nzambe Ayingelaka,

Nzambe Akokutana na ye mpe Akoyanola ba mposa na motema na ye.

3. Kongumbamela na mosuni mpe kongumbamela na molimo

Kati na Biblia toyebi ete ezalaka na ba lolenge na kongumbamela oyo Nzambe Andimaka te. Kolandisama na motema na lolenge nini kongumbamela ekopesama, ezali na mayangani na molimo eye Nzambe Andimaka, mpe kongumbamela na mosuni na kongumbamela eye Aboyaka.

Adamu na Ewa babimisamaki na Elanga na Edene kolandisama na koboya kotosa na bango. Kati na Genese 4 totangi mpona bana na bango babali babale. Mwana na bango kulutu azalaki Caina mpe leki na ye ezalaki Abele. Na tango bakolaki,, Caina mpe Abele moko na moko bapesaki mbeka epai na Nzambe. Caina azalaki mosali bilanga mpe apesaki "mbuma na elanga na ye" (eteni 3) bongo Nzambe "Andimaki Abele mpe likabo na ye lokola; nde Andimaki Kaina te mpe likabo na ye te." (Eteni 4-5).

Mpona nini Nzambe Andimaki likabo na Kaina te? Kati na Baebele 9:22 tomoni ete libonza epesameli Nzambe esengeli kozala mbeka na makila eye ekoki kolimbisa masumu kolandisama na mobeko na mokili na molimo. Mpona ntina yango, ba nyama lokola ba ngombe to bam pate bazalaki kopesama lokola ba mbeka kati na Ekeke na Kondimana na Kala, na tango Yesu, Mpate na Nzambe, Akomaka mbeka na komikaba na kotangisaka makila ma Ye kati na Kondimana na Sika.

Baebele 11:4 elobi na biso ete, "Mpo na kondima, Abele alekaki Kaina mpona kotombwela Nzambe mbeka malamu; na nzela na yango azuaki litatoli ete ye moyengebeni. Nzambe Atatolaki boye mpo na makabo na ye mpe ye mokufi azali naino koloba." Na maloba mosusu, Nzambe Andimaki mbeka na Abele mpo ete apesaki epai na Nzambe mbeka na makila kolandisama na mokano na Ye, kasi Aboyaki likabo na Caina oyo epesamaki te kolandisama mokano na Ye.

Kati na Lewitiko 10:1-2, totangi mpona Nadaba mpe Abiu bango oyo batiaki "moto mosusu liboso na Yawe, oyo Ye Alakelaki bango te." Mpe bono bango batumbamaki na moto eye "ebimaki na esika na YAWE." Totangi mpe kati na 1 Samuel 13 lolenge niniNzambe Abwakisaki Mokonzi Saulo sima na mokonzi kosala mosala esengelaki kaka na mosakoli Samuele. Liboso na kosukisa etumba na Bafilisitia, Mokonzi Saulo apesaki mbeka epai na Nzambe na tango Mosakolo Samuele naino ayaki ten a sima na mikolo misengelaki ye koya. Na tango Samuele ayaki, sima na Saulo kopesa mbeka, Saulo alukaki komilongisa na kolobaka ete asalaki bongo mpo ete bato bakomaki kolongwa na ye. Na kozangisa, Samuele apamelaki Saulo ete, "Osali kati na bolema," mpe alobelaki Mokonzi ete Nzambe Abwakisaki ye.

Kati na Malaki 1:6-10, Nzambe Apamelaki banana Yisalele mpo ete bango bapesaki epai na Nzambe te biloko eleki malamu na bango kopesa, kasi bapesaki biloko mpamba na miso na bango. Nzambe Abakisaki ete Akondima te lolenge na kongumbamela eye etalisaka lokola bonzambe kasi yango ezanga mitema na bato. Na lolenge na lelo, yango elakisi ete Nzambe Akondima te mayangani na mosuni.

Mayangani esengeli kopesama kolandisama na mibeko eye Nzambe Atia. Yango lolenge eye Bokristo ekesanaka mpenza na ba boyambi misusu oyo baton a yango basalaka mayangani na lolenge oyo ekosepelisaka bango. Na loboko moko, mayangani na mosuni mpona kongumbamela ezali mayangani na pamba esika wapi moto akoyaka kaka kati na lingomba mpe akomikotisa kati na mayangani. Na loboko mosusu, mayangani na molimo mpona kongumbamela ezali mosala na kongumbamela longwa nan se na motema mpe komikotisa na mayangani kati na molimo mpe kati na solo na bana na Nzambe oyo balingaka Tata na bango na Lola. Na bongo, ata soki bato mibale bangumbameli Nzambe esika moko mpe na tango moko, kolandisama na motema na moko na moko, Nzambe Akoki kondima mabondeli na moto moko na tango eboyi Ye kongumbamela na mosusu. Ata soki moto ayei kati na lingomba mpe angumbameli Nzambe, ekozala na ntina moko te soko Nzambe Alobi ete, "Nandimaki kongumbamela nay o te."

Yoane 4:23-24 elobi na biso ete Nzambe Andimaka kati na esengo mayangani na molimo oyo bato bapesi epai na Ye kati molimo mpe kati na solo, mpe Apambolaka bato mpo ete bakokisa bosembo, mawa, mpe bosembo. Kati na Matai 15:7-9 mpe na 23:13-18 eyebisami mpona biso ete Yesu Apamelaki makasi Bafalisai elongo na bakomi na mibeko na tango na Ye oyo batosaki mpenza bokoko na bato kasi bango oyo mitema na bango engumbamelaki Nzambe na molimo mpe na bosolo te. Nzambe Andimaka mayangani bato bakopesaka lolenge na bango moko te.

4. Botalisa ba Nzoto na bino Lokola ba mbeka na bomoi mpe na Bulee

Soki ntina na bozali na biso ezali kotombola Nzambe, bongo kongumbamela esengeli kozala na motuya mpona bomoi na biso mpe tosengeli koboka ngonga na ngonga na ezaleli na kongumbamela Ye. Mbeka na bomoi mpe na bulee eye Nzambe

Andimaka, kongumbamela na molimo mpe na solo, ekokisamaka kaka ten a koyangana Eyenga na mbala moko na poso na tango tozali kobika kolandisama na oyo elingi moto mpe ba posa kobanda mokolo na liboso kino na motoba. Tobengama kongumbamela Nzambe na tango nioso mpe na bisika nioso.

Kokende na lingomba mpona kongumbamela ezali kolandisama na bomoi na kongumbamela. Mpo été kongumbamela eye ekabwana na bomoi na moto ezali kongumbamela na solo te, bomoi na mondimi na mobimba na yango esengeli kozala bomoi na mayangani na molimo ebonzameli Nzambe. Tosengeli kaka te kopesa kongumbamela kitoko na molimo kati na lingomba te, kasi tosengeli mpe kotambwisa bomoi epetolama mpe na bulee kati na kotosaka malako nioso na Nzambe kati na bomoi na biso na mokolo na mokolo.

Baloma 12:1 elobi na biso ete, "Bandeko nazali kobondela bino mpona mawa na Nzambe ete bokaba nzoto na bino lokola mbeka na bomoi oyo na bulee mpe oyo ebongi na Nzambe Ayamba yango. Bongo bokosambela Ye na ntina." Kaka lolenge Yesu Abikisaki bato nioso na kobonzaka nzoto na Ye lokola mbeka, Nzambe Alingi biso topes aba nzoto na biso lokola ba mbeka na bomoi mpe na bulee mpe lokola.

Likolo na Ndako na Tempelo emonani, mpo ete Molimo Mosantu, oyo Azali moko na Nzambe, Afandaka kati na motema na biso, moko moko na biso akoma mpe tempelo na Nzambe (1 Bakolinti 6:19-20). Tosengeli koyeisama sika mokolo na mokolo kati na solo mpe tomibatela kati na mitema na biso mpe na tango tozali kosala tomibatelaka na kobonzama. Na tango Liloba, kobondela, mpe masanjoli etondi kati na motema na biso mpe na tango tosali nioso kati na bomoi na bison a motema na kongumbamela Nzambe, tokopesa nzoto na biso lokola mbeka na bomoi mpe bulee oyo Nzambe Asepeli na yango.

Liboso na ngai kokutana na Nzambe naniokwamaki na ba malali. Na lekisaka ebele na ba mbula na mbaimbai. Sima na ngai kozala na bokono mpona b ambula sambo, natikalaka na niongo makasi na lopitalo mpe na motuya na ba kisi. Nazalaka kati na bobola. Kasi, makambo nioso mambongwanaka na tango nakutanaka na Nzambe. Abikisaka Ngai na ba bokono na ngai nioso na mbala moko, mpe nabandelaki bomoi na ngai sika.

Kotondisama na ngolu na Ye, Nabandaka kolinga Nzambe likolo na nioso. Na mokolo na Nkolo, nalamukaka na tongotongo, nasukolaki mai, mpe kolata elamba nan se na bopeto mingi,. Ata soki nalataki sosete kaka na tango moke na mokolo na motoba, natikala kolata yango te na mokolo na Eyenga. Nalataka mpe elamba eleki na bopeto.

Elakisi te koloba ete bandimi basengeli kolata na lolenge emonani koleka kitoko na kokende na mayangani. Soki mondimi andimeli solo mpe alingi Nzambe, ezali malamu mpona ye komibongisa na lolenge na koleka mpona koya epai na Nzambe mpona kokumisa Ye. Ata soki makoki na moto oyo ekopesa bilamba na lolenge moko te, moto nioso akoki kobongisa bilamba mpe komonana na makoki maleki mpenza.

Nazalaka tango nioso kosala makasi mpo na kopesa mabonza na misolo na sika; na tango nioso nakutanaki na misolo na sika, malamu, natiaki yango pembeni mpona mabonza. Toyebi ete Ata na tango na Kondimana na Kala, na tango ezalaka na bitape ebele kolandisama na makoki na moko na moko, mondimi moko na moko azalaka kobongisa libonza na tango azalaki kokende epai nan ganga Nzambe. Na boye Nzambe Apesi ndingisa kati na Esode 34:20, "Moko te akomonana liboso na Ngai maboko mpamba"

Lolenge eyekolaki Ngai epai na moteyi moko, nabongisa tango nioso ete nazala na libonza moke to mpe monene ebongisama mpona mayangani nioso. Ata soki kofuta interet na ba niongo ekokaki mpenza kaka kofutama moke na misolo mwasi na ngai elongo na ngai tokokaki kozwa na sanza, ata mbala moko te totikala kopesa kati na koyima to mpe kozwa mawa sima na biso kopesa mabonza. Lolenge nini tokokaki koyoka bongo na tango mabonza na biso ekokaki kobikisa milimo na bato mpe mpona bokonzi na Nzambe mpe bokokisami na bosembo na Ye?

Sima na komona komikaba na biso, na tango na kopona na Ye Nzambe Apambolaki biso mpona kofuta niongo oyo monene. Nabandaki kobondela epai na Nzambe mpo ete akomisa ngai mpaka molamu oyo akokaki kosunga na misolo na ye babola mpe alandela bitike, basi bakufela mibali, mpe babeli. Kasi, kasi na likambo nakanaka te Nzambe Abenga ngai nazala mosali na Ye m[e Atambwisi ngai mpo ete nalamba ligomba monene oyo ezali kobikisa ebele na milimo. Lokola nakomi mpaka te nazali sik'awa makoki na kosunga ebele na bato mpenza mpe epesamela ngai nguya na Nzambe na oyo nakoki kobikisa babeli, nioso mibale ezali mosika mpenza na oyo nazalaka kobondela mpona yango.

5. "Kino Tango Christu Atongama Kati na Biibo"

Kaka lolenge baboti banyokwamaka mingi na mposa na bango mpona kokolisaka bana na bango simana kobota bango, kotoka mingi, molende, mpe komikaba mbeka esengelaka mpona kolandela mpe kotambwisa molimo moko na moko kati na solo. Mpona oyo ntoma Paulo atatolaki kati na Bagallatia 4:19 ete, "Bana na ngai nazali lisusu na mpasi na kobota bino. Kino ekoyemama Kristo kati na bino."

Lokola eyebi ngai motema na Nzambe oyo Atalaka molimo moko motuya koleka eloko nioso kati na univer mpe Alingaka komona moto nioso kozwa lobiko, nazali mpe kosala makasi nioso mpona kotambwisa molimo moko wana na suka na nzela na lobiko mpe kati na Yelusaleme na Sika. Kobunda mpona komema etape kati na kondima na bandimi kati na lingomba "Na mobali mobimba, na epimelo na monene na litondi na Krist." (Baefese 4:13) Nabondela mpe nabongisa mateya na tango nioso mpe libaku nakokaki kozwa. Na tango ezalaka na ba tango misusu oyo nakoluka kofanda elongo na bandimi kati na lingomba mpona masolo na esengo, lokola mobateli mpate na oyo asengeli mpona komema bam pate na ye na nzela esengela, nasalela komikanga mpenza kati na makambo nioso mpe namema mosala oyo Nzambe Apesa ngai.

Ezalaka na baposa mibale nazalaka na yango mpona mondimi nioso. Yambo, Nakolinga mpenza mingi mpona ebele na bandimi bazwa kaka lobiko te, kasi bayingela kati na Yelusaleme na Sika, esika eleka na nkembo kati na Lola. Mibale, Nakolinga mpenza mingi mpenza mpona bandimi nioso bakima bobola mpe babika kati na kofuluka. Lolenge lingoma ezali kolekela bolamuki mpe ekokolaka na monene na ebele na bandimi ba oyo bozwi na bango ezali kokola mpe ba lobiko na bango mpe lokola. Na lolenge na mokili, ezali eloko moke te mpona koyeba bosenga mpe kosalela yango esengeli mpona mposa na moto na moto kati na lingomba ekokisama.

Nayokaka kilo eleka na tango bandimi bakosumukaka. Yango ezali mpo ete Nayebi ete na tango mondimi azali kosumuka amonaka ete asili komibenda mosika na Yelusaleme na Sika. Na makambo maleki makasi akoki ata komona ete akoki tea ta mpona kozwa lobiko. Mondimi akoki kozwa biyano mpe lobiko na moolimo to na mosuni kaka sima na ye kobuka lopango na lisumu kati na ye mpe Nzambe. Na tango nakokangama na Nzambe mpona bandimi oyo basumukaki, nakoka te kolala mpongi, nabunda ba pasi na nzoto, mpe natangisa main a miso mpe nabungisa makasi na nzoto na koloba te, mpe natelemisa ba ngonga mingi mpe mikolo na kokila mpe na kobondela.

Na kondimaka mabonza mana na ba mbala oyo nakoki te koloba, Nzambe Atalisa mawa na Ye epai na bato, ata epai na basusu bakoka te mpona kozwa ata lobiko, kopesaka molimo na kotubela epai na bango mpo ete bakoka kotubela mpe bazwa lobiko. Nzambe Akomisa mpe bikuke na lobiko mpo ete ebele na bato kati na mokili baya na koyoka Sango Malamu na kobulisama mpe bayamba kotalisama na nguya na Ye.

Esika nioso ekomona ngai ebele na bandimi kokola malamu kati na solo, ezali lifuti eleki monene mpona ngai pateur. Na lolenge moko Nkolo na mbeba moko te Amikabaki Ye moko lokola malasi solo malamu epai na Nzambe (Baefese 5:2), nazali mpe kotambola bongo mpona kobonza eteni nioso na bomoi na ngai lokola mbeka na bomoi mpe bulee epai na Nzambe mpona bokonzi na Ye mpe milimo.

Na tango bana bakopesaka lokumu na baboti na bango na Mokolo na ba Mama to Mokolo na Batata ("Mokolo na Baboti na Coree) mpe batalisi bilembo na matondi, baboti bakoki kaka na kosepela. Ata soki biloko yango ezali oyo bango basepelaka na yango te, baboti basepelaka kaka mpo ete yango euti epai na bana na bango. Na lolenge moko mpe, na tango ban aba Ye bazali kobonza epai na ye masanjoli eye bango babongisaki na makasi na bango eleki kati na bolingo na bango mpona Tata na bango na Lola, Akosepelaka mpe Akopambola bango.

Ya solo, mondimi moko te akokoka na lolenge elingeli ye kati na poso mpe batalisa komikaba na bango kaka na mokolo na eyenga! Kaka lolenge Yesu Alobi na biso kati na Luka 10:27, mondimi moko na moko asengeli kolinga Nzambe na motema na ye nioso, molema, makasi, mpe makanisi, mpe akaba ye moko lokola mbeka bulee mpe na bomoi mokolo nioso na bomoi na ye. Na kongumbamelaka Nzambe kati na moolimo mpe na solo mpe kopesa epai na Ye malasi solo kitoko na motema na bino, tika ete motangi moko na moko asepela mingi mapamboli nioso eye Nzambe Abongisa mpona ye.

Mokomi
Dr. Jaerock Lee

Dr. Jaerock Lee abotamaki na Muan, Province na Jeonnam, Republique na Coree, na 1943. N aba mbula zomi na mibale na ye, Dr.Lee abelaki na ba bokono kilikili ezanga lobiko ba mbula sambo mpe azalaka kaka kozela liwa na elikya moko ten a kozongela nzoto malamu. Kasi mokolo moko na tango na moi moke na 1974 amemamaka na egelesia epai na ndeko na ye na mwasi mpe na tango afukamaka mpona kobondela, Nzambe na bomoi Abikisaki ye na mbala moko na ba bokono na ye nioso.

Kobanda tango akutanaka na Nzambe na bomoi na nzela na likambo wana malamu, Dr. Lee alinga Nzambe na motema na ye mobimba mpe solo mpenza, mpe na 1978 abiangamaka kozala mosali na Nzambe. Abondelaka makasi na ebele na kokila bilei mpo ete akoka kososola malamu mpenza mokano na Nzambe, akokisa yango na mobimba mpe atosa liloba na Nzambe. Na 1982, abandisaki Egelesia Manmin Centrale na Seoul, Coree, mpe ebele na misala na Nzambe, ata lobiko na bikamwa, bilembo na bikawiseli, ezala kosalema na egelesia na ye wuta tango wana.

Na 1986, Dr. Abonzamaka lokola Pasteur na mayangani na mbula na Yesu Egelesia Sungkyul na Coree, mpe ba mbula minei na sima na 1990, mateya ma ye mabanda kotalisama na Australie, Rusie, mpe ba Philippines. Kaka sima na tango moke ba mboka mingi koleka mabandaki na nzela na Companie de Radiodiffusion na Asia, Station na Radiodiffusion na Asia, mpe Système na Radio Chretienne na Washington.

Sima na mbula misato, na 1993, Egelesia Centrale Manmin eponamaki lokola moko kati na ba "Egelesia 50 maleki likolo na Mokili" na Magazine na Bakristu na Mokili Mobimba (US) mpe azwaki Doctora Honorius Causa na Bonzambe na College na Bakristu mpona Kondima, na Floride, America, mpe na 1996 azwaki Ph. D. na Mosala na Nzambe na Seminaire Theologique Kingsway, na Iowa, America.

Wuta 1993, Dr. Lee abanda kopanzana na mokili mobimba na nzela na ebele na ba croisade ebele na mokili ata na Tanzanie, Argentine, L.A., Baltimore cite, Hawai, mpe New York na America, Uganda, Japon, Pakistan, Kenya, ba Philippine, Honduras, Inde, Rusie, Allemagne, Peru Republique Democratique na Congo, Yisalele mpe Estonie.

Na 2002 andimamaki lokola Molamusi na Mokili Mobimba" mpona mosala na ye na nguya makasi kati na ebele na ba croisade na ebele na ba Magazine na Bakristu mpe na b nkasa na Coree, Na particulier ezalaki Croisade na ye na New York na 2006' oyo isalemaki na Madison Square Garden, esika ekenda sango koleka na mokili. Milulu etalisamaki na ba mboka 220, mpe Croisade na ye unie na Yisalele na 2009', esalemaki na Centre de Convention International (ICC) na Yelusaleme atatolaki na nguya ete Yesu Christu azali Mesia mpe Mobikisi.

Mateya ma ye matalisamaka na ba mbka 176 na nzela na Satelite ata GCN TV mpe atangamaki lokola moko na basali na Nzambe 10 baleki na sango na mokili mobimba na 2009 mpe 2010 na Magazine eleki na kokende Sango In Victory mpe news agency Telegraph na Bakristu mpona mosala na ye na nguya makasi na bitando mpe mosala na ye na mobateli mpate kati na Mangomba.

Kobanda Novembre na 2012, Egelesia Centrale Manmin ezali na lingomba na bato likolo na 120,000. Ezali na ba branche 10,000 na ba egelesia na mokili mobimba ata 56 na mboka Coree, mpe na ba Misionaire 129 batindama na ba mboka 23, ata America, Rusie, Allemagne, Canada, Japon, Chine, France, Inde, Kenya, mpe mingi koleka kino lelo.

Na mokolo na kobimisa buku oyo, Dr. Lee akoma ba buku 85, at aba chef d'ouevre Gouter la vie eternal avant la mort, Ma vie ma foi, Lola I & II, Lifelo, Lamuka Yisalele, mpe Nguya na Nzambe. Misala ma ye mibongolisama na ba nkoto koleka 74.

Makomi ma ye na Bakristu ebimisamaka na. Hankok Ilbo, the JoongAng daily, chosun Ilbo, Dong-A Ilbo, Munhwa Ilbo, Seoul Shinmun, Kyunghyang Shinmun, Hebdomadaire Economique Coreene, Herald na Coree, Ba Sango Shisa, Presse Chretienne.

Sasaipi Dr. Lee azali mokambi na ebele na ba organization na ba missionaire mpe association. Position na ye esangisi ata: President na : Lisanga na ba Egesia na Yesu Christu mpona Kobulisama ; President : Mission Manmin na Mokili Mobimba ; President Permanent na, Associatin Mondiale mpona Bolamuki na Bakristu, Monbandisi mpe Mokambi na Board, Reseau Mondiale na Bakristu (GCN) ; Mobandisi mpe mokambi na Board, Reseaux Mondiale des Medecins Bakristu ; mpe Mobandisi mpe President na Conseil D'Administration, Seminaire International Manmin (MIS).

www.ingramcontent.com/pod-product-compliance
Lightning Source LLC
LaVergne TN
LVHW021826060526
838201LV00058B/3529